# FESTGABE

# RUDOLF VON IHERING

ZU SEINEM

## DOCTOR-JUBILÄUM

ÜBERREICHT VON DER

RECHTS- UND STAATSWISSENSCHAFTLICHEN FAKULTÄT

ZU

STRASSBURG.

INHALT.

1. O. Lenel: Das Sabinussystem.
2. A. Merkel: Vergeltungsidee und Zweckgedanke im Strafrecht.

STRASSBURG
VERLAG VON KARL J. TRÜBNER
1892.

**Dem grossen Meister der Rechtswissenschaft**

am

6. August 1892.

# DAS SABINUSSYSTEM

VON

OTTO LENEL.

# DAS SABINUSSYSTEM[1]).

Wer es unternimmt, das System der libri iuris civilis des Sabinus zu untersuchen, wird verständiger Weise nicht in allem Einzelnen auf sichere Ergebnisse hoffen dürfen. Bei der Lückenhaftigkeit des uns zu Gebote stehenden Materials wäre solche Hoffnung mehr als vermessen. Das Ziel, das ich mir setze, ist ein bescheideneres: das Sichere, das sich über jenes System ermitteln lässt, als solches festzustellen, bei den nicht zu vermeidenden Hypothesen aber dem Leser ein Urteil über den grösseren oder geringeren Grad von Wahrscheinlichkeit, der für sie spricht, zu ermöglichen.

---

[1]) In den von mir gegebenen Quellenbelegen bedeuten die den Namen des Ulpian, Paulus und Pomponius beigefügten lateinischen Ziffern, wo keine weitere Bezeichnung folgt, die Buchziffer der libri ad Sabinum; die Nummerzeichen (Nr.) mit arabischen Ziffern beziehen sich auf meine Palingenesie. Aus der Litteratur citire ich Karlowa, röm. Rechtsgesch. I (1885), Krüger, Geschichte der Quellen und Litteratur des römischen Rechts (1888), Leist, Versuch einer Geschichte der röm. Rechtssysteme (1850), Voigt, über das Aelius- und Sabinussystem (in den Abh. der philol.-histor. Klasse der kgl. sächs. Gesellsch. der Wissenschaften VII. 1879), Kipp (Recension meiner Palingenesie), krit. Vierteljschr. XXXIII S. 481 fgg. nur mit den Namen der Verfasser.

Den Stoff für die Wiederherstellung des Sabinussystems bieten neben wenigen Originalfragmenten der libri iuris civilis ausschliesslich die Bruchstücke der grossen Commentare des Pomponius, Paulus und Ulpian. Die älteren Civilrechtssysteme werden bei einer Untersuchung, die auf festem Boden bleiben will, gänzlich bei Seite gelassen werden müssen. Allerdings ist es nicht bloss wahrscheinlich, sondern gewiss, dass das System des Sabinus sich wenigstens in einem Hauptpunkt, der Voranstellung des Erbrechts nämlich, an ältere Systeme anlehnt. Allein, was wir über jene älteren Systeme wissen, ist so überaus dürftig, dass es zwar ausreicht, gerade hier die Übereinstimmung mit dem Sabinussystem zu constatiren, nirgends aber, wenn man sich nicht in die allergewagtesten Conjecturen verlieren will, eine Ergänzung der Lücken unseres sonstigen Materials ermöglicht. Es wird zweckmässig sein, diese Behauptung durch einen Blick auf die Überlieferung hinsichtlich derjenigen älteren Systeme zu erhärten, die man zur Erklärung des Sabinussystems hauptsächlich herangezogen hat.

Was die Anordnung zunächst der zwölf Tafeln angeht, so beschränkt sich unser sicheres Wissen hier auf Folgendes. Die Bestimmungen über die in ius vocatio bildeten den Eingang der ersten Tafel[1]); die Vertagung wegen morbus sonticus

[1]) arg. Cic. de leg. 2, 4, 9.

und anderer gerechter Entschuldigungsgründe war in dem zweiten Gesetz der zweiten Tafel angeordnet[1]; der Satz „Si pater filium ter venum duit" stand auf der vierten[2]; die Begräbnissordnung auf der zehnten[3]; die Bestimmungen über das Conubium und den Kalender auf einer der beiden letzten Tafeln[4]; endlich war nach D. (38. 6) 1 pr. die Intestaterbfolge erst hinter dem Testament geregelt. Alles weitere ist Hypothese. Hypothese und zwar unwahrscheinliche Hypothese ist vor allem die Anschauung, die ausgesprochen oder unausgesprochen immer eine Rolle bei den Reconstructionen des Zwölftafelsystems gespielt hat, dass die Decemvirn Anordnungen, deren innere Zusammengehörigkeit uns Modernen auf der Hand zu liegen scheint, auf einer und derselben Tafel oder auf mehreren auf einander folgenden Tafeln zusammengefasst hätten. Die Analogie anderer alter Gesetzgebungen, die ähnlicher Culturstufe angehören — z. B. der lex Salica, des Rechts von Gortyn —, berechtigt eher zu der entgegengesetzten Vermutung, und, wenn wir erwägen, wie spät erst in Rom die Philosophie und mit ihr die Erkenntniss des Wertes methodischer Darstellung sich einstellt, so weiss ich nicht, ob wir Ursache

---

1) Festus s. v. reus; vgl. dazu aber Schöll, leg. XII tab rel. p. 68.

2) Dionys. 2, 27.

3) Cic. de leg. 2, 25, 64.

4) Cic. de rep. 2, 37, 63; Macrob. 1, 13, 21.

haben, den systematischen Sinn der Verfasser der zwölf Tafeln höher anzuschlagen, als den der fränkischen oder kretischen Gesetzgeber. Unbeglaubigte Hypothese ist ferner die Annahme, dass Gaius in seinem Commentar zu den zwölf Tafeln der Anordnung des Gesetzes gefolgt sei. Gewiss wird sich Gaius schwerlich irgendwo *ohne Grund* von dieser Anordnung entfernt haben, und so begreift sich z. B. leicht, dass er, wie das Gesetz selbst, mit der in ius vocatio beginnt. Aber selbstverständlich ist diese eine Coincidenz entfernt kein Beweis für durchgängige Übereinstimmung. Die Commentare der Pandektenjuristen sowohl zum Edict als zur lex Julia et Papia, die unter sich erhebliche Abweichungen der Anordnung zeigen[1]), tun dar, dass den Römern die Legalordnung keineswegs als unverbrüchlich einzuhaltende Richtschnur galt, und je weniger wir uns die zwölf Tafeln als unsern Anforderungen an ein System entsprechend vorstellen dürfen, um so häufiger musste ein Commentator, der mehr als blosse Worterklärungen bieten wollte — und Gaius wollte mehr als das[2]) — sich veranlasst finden, um des Zusammenhangs der Materie willen sich von der gesetzlichen Ordnung zu

[1]) Vgl. wegen der Edictcommentare mein Ed. perp. S. 7, wegen der Commentare zur lex Julia et Papia meine Palingenesie. Die einzelnen Differenzen letzterer hier darzulegen, würde zu weit abführen.

[2]) Dies geht schon aus dem Umfang seines Werks, ebenso aber auch aus einer Anzahl der erhaltenen Fragmente hervor.

entfernen. Nimmt man nun hinzu, dass uns von dem ganzen Commentar nur dürftige Reste geblieben sind, diese auch noch teilweise in ihren Beziehungen dunkel oder mehrdeutig, so wird man zugeben, dass dies Hilfsmittel weder für sich allein noch in Verbindung mit den obigen Notizen der Reconstructionsarbeit eine sichere Basis zu bieten vermag. Nun hat allerdings Voigt für die Ermittlung des Zwölftafelsystems noch zwei weitere Hilfsmittel benutzen zu dürfen geglaubt, die, wenn sie zuverlässig wären, in der Tat eine sehr bedeutsame Unterstützung gewähren würden: er nimmt an, dass sowohl das Sabinussystem wie das des Edicts in gewissen Hauptabschnitten eine Reproduction des Zwölftafelsystems seien. Allein einmal kann es für den nüchternen Beurteiler nicht zweifelhaft sein, dass Voigt zu dieser sehr bestimmt auftretenden Behauptung nur gelangen konnte, indem er Hypothese auf Hypothese türmte; sodann aber würde speziell für uns, deren Aufgabe die Wiederherstellung des Sabinussystems ist, eine Reconstruction der zwölf Tafeln, die nur mit Hilfe gerade dieses Systems zu ermöglichen wäre, offenbar ohne Wert sein; die Hypothese der Übereinstimmung der beiden Systeme könnte uns höchstens dazu dienen, gewisse Härten im Sabinussystem dadurch erklärlich zu machen, dass wir sie schon dem System der zwölf Tafeln zuschieben.

Nächst den zwölf Tafeln könnten als Vorbild der libri ad Sabinum die tripertita des Sextus Aelius in Betracht kommen und werden in der Tat von *Voigt* (S. 357 fg.) allen Ernstes als solches bezeichnet. Die einzige zuverlässige Nachricht, die wir über das System dieses Werkes besitzen[1]), gibt uns Pomponius in D. (1. 2) 2 § 38.:

> tripertita autem dicitur, quoniam lege duodecim tabularum praeposita iungitur interpretatio, deinde subtexitur legis actio.

Nach einer verbreiteten Ansicht, der auch Krüger (S. 54) folgt, sollen diese Worte dahin zu deuten sein, dass das ganze Werk in drei Teile zerfallen wäre, deren erster nicht bloss den Text, sondern zugleich auch die Erklärung der

---

[1]) Dass Cic. de orat. I, 43, 193 keinen Bezug auf das Werk des Sex. Aelius hat, halte ich für völlig zweifellos; dem ganzen Zusammenhang nach können die Aeliana studia dieser Stelle nur von philologischen und culturgeschichtlichen, nicht von juristischen verstanden werden; es kann somit nicht an Sex. Aelius, sondern, wie längst bemerkt worden ist, nur an L. Aelius Stilo gedacht werden. Man erwäge nur. Im Eingang von § 193 ist gesagt, das Rechtsstudium sei, im Gegensatz zu dem, was man gemeinhin denke, sehr anmutig und unterhaltend. Wenn nun, um dies auszuführen, hier fortgefahren wird „nam sive quem haec Aeliana studia delectant etc.“, so können diese Aeliana studia doch unmöglich selbst wieder Rechtsstudien bedeuten denn, um zu beweisen, dass das Rechtsstudium delectans ist, kann man doch nicht auf den exemplificiren, der ein Interesse für das Recht schon mitbringt. Auch zeigt das Folgende deutlich, worauf die Aeliana studia abzielen: Etymologie (verborum vetustas prisca) und Culturgeschichte (maiorum consuetudo vitaque). Es ist zu bedauern, dass neuerlich wieder Jörs, römische Rechtswissenschaft z. Zt. der Republik I S. 105 n. 1, die Cicerostelle missverständlich für das Aeliussystem herangezogen hat.

zwölf Tafeln enthalten hätte, der zweite die interpretatio i. w. S., d. h. das ius civile, die Fortentwickelung des Zwölftafelrechts durch die Juristen, der dritte die Legisactionen. Ich halte diese Annahme für nicht haltbar. Es ist schwer denkbar, dass Pomponius mit den Worten „lege duodecim tabularum" zugleich auch eine Erläuterung des Gesetzes habe bezeichnen wollen. Es ist ferner unwahrscheinlich, dass Sextus Aelius die interpretatio im obigen Sinne von der blossen Worterklärung der 12 Tafeln systematisch getrennt habe; eine solche Trennung würde, wie ich schon an anderem Orte bemerkt habe[1]), das klare Bewusstsein voraussetzen, dass die interpretatio in diesem Sinne der gesetzlichen Basis entbehre; auch würde die Grenze zwischen blosser Erläuterung und interpretatio in sehr vielen Fällen ausserordentlich schwer zu ziehen gewesen sein. Für ganz unmöglich aber halte ich endlich, die Worte „deinde subtexitur legis actio" von der Anfügung einer Legisactionen*sammlung* zu verstehen[2]). Die nächstliegende Deutung der Nachricht des Pomponius

---

[1]) Krit. Vjschr. Bd. 32, S. 266.

[2]) Das Verhältniss der Tripertita zum ius Aelianum — D. (1. 2) 2 § 7 — kann hier dahingestellt bleiben. M. E. sind beide identisch. Dass eine besondere Legisactionensammlung des Sex. Aelius dem Pomponius nicht mehr vorlag, geht aus D. (1. 2) 2 § 38 unwidersprechlich hervor. Die Nachricht in D. (1. 2) 2 § 7 ist also einer Vorlage entnommen, in der Pomponius gefunden haben wird, Sex. Aelius habe neue Legisactionen componirt und in einem Buch veröffentlicht, das man ius Aelianum nenne. S. auch Karlowa, S. 476.

wird auch die richtige sein. Sextus Aelius liess den Text jedes einzelnen Zwölftafelgesetzes vorangehen, dann gab er die interpretatio dazu in engerem *und* weiterem Sinne, hieran schloss sich die etwaige legis actio[1]), dasselbe Verfahren, das wir auch in den Edictcommentaren der Späteren wiederfinden. Man hat behauptet, mit dieser Deutung sei der Titel des Werkes — tripertita — unvereinbar; diese Bezeichnung sei nur dann erklärlich, wenn die drei Bestandteile des Werkes auch in drei Abschnitte, z. B. in drei Bücher auseinandergefallen seien. Ich möchte umgekehrt meinen, der Plural tripertita deute weit eher auf eine Dreiteilung im Einzelnen, als auf eine im Ganzen; tripertita heisst nicht ein dreigeteiltes Buch, sondern dreigeteilte Erörterungen, Unterweisungen od. dgl. Auf die Dreiteilung in diesem Sinne wird Sextus Aelius selbst im Eingange seines Werkes aufmerksam gemacht und so den Titel gerechtfertigt haben. Versteht man aber die Worte des Pomponius wie geschehen, so erhellt, dass es ein eigentümliches Aelianisches System, wie es namentlich Voigt (S. 331 fg.) mit wahrhaft erstaunlicher Kühnheit zu reconstruiren versucht, in Wahrheit niemals gegeben hat.

Der erste Versuch, ein selbständiges Rechtssystem aufzustellen, ist in der römischen Jurispru-

---

[1]) So schon Huschke, Zschr. f. gesch. Rechtswiss. XV. S. 179 fg.

denz aller Wahrscheinlichkeit nach von Q. Mucius Scävola gemacht worden. Dafür spricht entschieden die bekannte Nachricht des Pomponius in D. (1, 2) 2 § 41: Q. Mucius Publii filius pontifex maximus ius civile primus constituit generatim in libros decem et octo redigendo. Eine Anlehnung dieses Systems an die Ordnung der zwölf Tafeln, an sich ja keineswegs unmöglich, ist nirgends erweislich. Quelle für seine Reconstruction ist neben einigen directen Nachrichten, wonach Buch II von Legaten, Buch XIV von der Societät, Buch XVI vom furtum handelte[1]), wesentlich nur der Commentar des Pomponius[2]) ad Q. Mucium. Dieser aber ist nur mit Vorsicht zu benutzen; denn es kann keinem Zweifel unterliegen, dass Pomponius den Text des Q. Mucius nicht selten zum Ausgangspunkt umfassender Erörterungen machte[3]), die sich von diesem

[1]) s. Q. Mucius Nr. 1. 2. 5. 8. 11.

[2]) Die Fragmente aus dem des Laelius Felix (s. Laelius Felix Nr. 1) bestätigen nur, was wir ohnedies wissen, dass Q. Mucius mit dem Testament begann.

[3]) Man könnte versucht sein, daraus, dass des Pomponius Werk nur wenig mehr als doppelt so viel Bücher wie das Mucianische zählt (nämlich 39), zu schliessen, dass Pomponius doch nicht so gar viel von dem Seinigen hinzugetan haben könne. Allein es ist zu beachten, dass Pomponius die einzelnen Materien sehr ungleich behandelt hat. So folgen bei Mucius auf die Lehre vom furtum (lib. XVI) noch zwei Bücher, bei Pomponius (lib. XXXVIII) nur ein einziges. Dagegen umfasst die Lehre von den Legaten bei Pomponius nicht weniger als 7 Bücher (lib III—IX), bei Mucius wahrscheinlich nur ein einziges, das zweite, da die drei Citate Mucius Nr. 1, 2, 5, deren jedes eine andere Legatenart betrifft, alle gerade dies Buch anführen; auch handelt

Ausgangspunkt mitunter sicherlich recht weit entfernt haben mögen; es ist daher sehr bedenklich, aus vereinzelten Stellen des Pomponius, so wie Rudorff (Rechtsgesch. I S. 161) und noch mehr Voigt es tun, Schlüsse auf den Inhalt ganzer Bücher und Abschnitte zu ziehen. Was sich hiernach ermitteln lässt, ist Folgendes. Mucius beginnt mit der Lehre von den Testamenten (Pomp. lib. I, II)[1]) und Legaten (Pomp. lib. III—IX, Mucius lib. II). Vermutungen über die systematische Anordnung innerhalb dieser Lehren sind nur hie und da möglich[2]), da die grosse Mehrzahl der erhaltenen Bruchstücke des Commentars ihre Anknüpfungspunkte im Dunkeln lassen. An Testament und Legate wird sich die Intestaterbfolge angeschlossen haben; diese Annahme ist an sich wahrscheinlich und wird durch Pomp. X Nr. 264 — D. (38. 16) 11 — unterstützt. Die Fragmente der folgenden drei Bücher des Pomponius lassen keinerlei auch nur halbwegs

---

das eine dieser Citate (Nr. 5) de argento legato; bei Pomponius aber begegnen wir der Materie de auro legato, die bei allen Späteren in Verbindung mit jener auftritt, erst am Schluss des Abschnitts von den Legaten, in lib. IX.

[1]) Möglich dass Pomponius auch noch im dritten Buch von den Testamenten gehandelt hat, arg. Nr. 227 D. (26. 2) 9. Sicher ist dies keineswegs, da die angeführte Stelle sehr wohl in die Lehre von den Giltigkeitsvoraussetzungen der Legate einzupassen ist.

[2]) Mit ziemlicher Sicherheit wird sich z. B. aus Pomp. Nr. 219, 234, 235, 238, 261 schliessen lassen, dass Mucius an den betreffenden Stellen von der heredis institutio, dem peculium legatum, den vestimenta legata, dem aurum legatum gehandelt hat.

sichere Vermutung über den Inhalt dieser Bücher zu [1]). Pomp. lib. XIV scheint (unter anderm?) von Servituten, wahrscheinlich ausser der auch im Edictssystem [2]) von den übrigen getrennten aqua [3]), gehandelt zu haben. Die Fragmente von lib. XV. XVI, die durch ihren Inhalt auf Stipulation und Tutel deuten, können sehr wohl auch anderen Zusammenhängen angehört haben. Dem lib. XVII dürfte mit ziemlicher Wahrscheinlichkeit die Lehre von der lex Aquilia zuzuweisen sein: denn wir besitzen von diesem Buche zwar nur ein einziges Fragment — D. (9. 2) 39 —, aber in diesem ein Originalcitat aus Q. Mucius, das nur schwer eine andere Beziehung zulässt. Lib. XVIII hat bestimmt die statuliberi zum Gegenstand. Lib. XIX vacat. Lib. XX kann nach seinen zwei Bruchstücken von der Adoption und der Rechtsstellung der personae alieni iuris gehandelt haben, recht wohl aber auch von irgend einem andern Gegenstand. Ueber lib. XXI und XXII ist, obwohl wir nicht weniger als 8 Fragmente aus ihnen besitzen, keinerlei sichere Vermutung möglich. Lib. XXIII bis XXVI betreffen zweifellos Besitz und Usuca-

[1]) Anders Voigt, a. a. O. Taf. I. Es würde m. E. leicht sein, seinen Vermutungen über den Zusammenhang dieser Stellen bei jeder derselben mehrere andere ungefähr gleich wahrscheinliche oder unwahrscheinliche gegenüberzusetzen.

[2]) S. mein Ed. perp. § 176.

[3]) Aus Nr. 269 D. (39. 3) 19 geht nicht das Gegenteil hervor: für diese Stelle — rechtliche Bedeutung des pati — lassen sich die verschiedenartigsten Anknüpfungen denken.

pion und die Erlöschung der Servituten durch non usus. Lib. XXVII—XXX sind gänzlich dunkel. Lib. XXXI handelt zweifellos vom Kauf, lib. XXXII anscheinend von den Wasservituten. Lib. XXXIII und XXXIV sind wieder unbestimmbar. Lib. XXXV und XXXVI wird man, obwohl die zwei erhaltenen Fragmente auch andere Deutungen gestatten würden, auf Communion und Societät beziehen dürfen, da wir aus Muc. Nr. 8 D. (17. 2) 30 wissen, dass die Societät in lib. XIV des Originalwerkes behandelt war. Lib. XXXVII: de captivis et postliminio. Lib. XXXVIII: de furtis. Lib. XXXIX: Beziehungen nicht zu ermitteln. Fasst man alles Gesagte zusammen, so gelangt man zu folgendem System, bei dem ich die Lücken durch Punkte andeute, dem besonders Zweifelhaften Fragezeichen beifüge: de testamentis, de legatis, de legitima hereditate, . . . . . . . . , de servitutibus (?), . . . . . . . . , de lege Aquilia, de statuliberis, . . . . . . . . , de possessione et usucapione, . . . . . . . , de emptione et venditione, de aqua (?), . . . . . . . . , de communione et societate, de captivis et postliminio, de furtis. . . . . . . . . Das Ganze bleibt, wie man sieht, auch wenn man sich die Freiheit nimmt, die Lücken nach Phantasie auszufüllen, von einem System im heutigen Sinne himmelweit entfernt. Man hat vielmehr den Eindruck, dass Mucius auf die allgemeine Anordnung der Materien keinen grossen Wert legte und dass sein systematischer Sinn nur innerhalb der Erörterung dieser Materien selbst hervortrat; zu dieser Annahme stimmt, was uns von seiner Unterscheidung der genera tutelarum[1]) und possessionum[2]) berichtet wird, und das generatim redigere in D. (1. 2) 2 § 41 wird in diesem Sinne zu verstehen sein. Ein Licht über dunkle Punkte des Sabinussystems gewährt uns das Mucianische System jedenfalls nirgends.

Unsere directen Nachrichten über den Inhalt der einzelnen Bücher des Sabinischen Civilrechtssystems beschränken sich auf wenige Notizen. Danach hat Sabinus im zweiten Buch von den Legaten[3]), dem furtum[4]), dem aedilicischen Edict[5]) gehandelt. Vom Inhalt des ersten Buchs ist direct nichts bezeugt, — da eine Verteilung der Lehre von den Legaten in 2 Bücher doch kaum wahrscheinlich ist, so hat die Annahme etwas für sich, dass lib. I nur die Lehren von den Testamenten und der Intestaterbfolge umfasste, die in den Commentaren die erste Stelle einnehmen, und da, wie aus den Commentaren ersichtlich, zwischen der Lehre von den Legaten und der vom aedilicischen Edict eine grosse Zahl hochwichtiger Materien behandelt waren, so ergibt sich mit Notwendigkeit der Schluss, dass Sabinus den

---

[1]) Gai. 1, 188.
[2]) D. (41. 2) 3 § 23.
[3]) Sab. Nr. 3 Gell. 4, 1 § 21—23.
[4]) Sab. Nr. 4 Gell. 11, 18 § 20 sqq.
[5]) Sab. Nr. 5 Gell. 4, 2 § 15.

verschiedenen Materien keine gleichmässig ausführliche Erörterung hat zu Teil werden lassen; die Testamente waren allem Anschein nach bevorzugt. Aus dem dritten Buch des Sabinus besitzen wir ausdrücklich bezeugt nur die eine bekannte Stelle bei Gell. 5, 13 § 5:

> In officiis apud maiores ita observatum est: primum tutelae, deinde hospiti, deinde clienti, tum cognato, postea adfini. aequa causa feminae viris potiores habitae, pupillarisque tutela mulieri praelata. etiam adversus quem adfuissent, eius filiis tutores relicti, in eadem causa pupillo aderant.

Diese Stelle mit einiger Sicherheit in dem aus den Commentaren ersichtlichen System unterzubringen, ist m. E. unmöglich. Vielleicht könnte sie der Lehre von der Bürgschaft, deren Übernahme von den Römern als ein officium betrachtet wurde, zuzuweisen sein[1]. Sie kann aber auch einem Abschnitt angehört haben, der in den auf uns gelangten Commentarfragmenten gar nicht zum Vorschein kommt.

Reicht die directe Überlieferung weitaus nicht hin, uns ein Bild von dem System des Sabinus zu geben, so sind wir für die Reconstruction im wesentlichen allein auf die Reste der Sabinuscommentare angewiesen. Von diesen aber gilt in

---

[1]) Karlowa, S. 689, vermutet einen Zusammenhang mit der Lehre vom postliminium. Die Möglichkeit soll nicht bestritten werden.

erhöhtem Masse das, was ich oben von dem Muciuscommentar des Pomponius sagte. Dem Text des Sabinus entnehmen sie ausserordentlich oft bloss die Anknüpfung, um Materien ausführlich zu erörtern, die in dem Originalwerk gar nicht oder nicht an dieser Stelle besprochen waren. Ich brauche nur daran zu erinnern, dass Ulpian in lib. XII und XIII unter dem Titel de legitimis heredibus einen eingehenden Commentar zu dem Orfitianum und Tertullianum gibt, dass dessen ganzer lib. XXXIII der Erläuterung des Senatusconsults vom Jahre 206 n. Chr. über die Convalescenz der Schenkungen unter Ehegatten gewidmet ist, oder dass er mitten in die Lehre vom Kauf in lib. XXIX eine lange Abhandlung über die Zuständigkeit der actio furti einschiebt. Dies Verfahren der Commentatoren muss man stets im Auge haben, wenn man nicht Gefahr laufen will, in der Reconstruction aufs gründlichste fehlzugreifen.

Neben den Sabinuscommentaren verwendet *Voigt* bei seiner Reconstruction des Sabinussystems auch noch des Julian libri ad Urseium Ferocem und ad Minicium, des Labeo libri posteriores und den Auszug des Iavolen aus diesem Werke. M. E. sind alle diese Werke für unsern Zweck ohne Wert. Dass die erwähnten Schriften Julians dem Sabinussystem folgen, ist eine willkürliche Unterstellung, die in den erhaltenen Bruchstücken keine Unterstützung findet. Von dem Original der libri posteriores Labeos können wir mit einiger Sicherheit behaupten, dass es gleich den libri iuris civilis des Sabinus und übrigens auch des Mucius mit Testament und Legaten begann: alles Übrige ist im Dunkel. Endlich der Auszug des Iavolen weist allerdings eine weitgehende Übereinstimmung mit dem Sabinussystem auf; aber dies reicht, wie ich glaube, nicht aus, um uns zu berechtigen, das Sabinussystem aus ihm zu ergänzen. Zunächst ist es vollkommen möglich, dass das System dieses Auszugs nicht das des Originals, sondern auf Iavolenus selbst zurückzuführen ist[1]); dann kann dieser durch den reicheren Inhalt seiner Vorlage genötigt gewesen sein, Materien, die bei Sabinus ganz fehlten, an passender Stelle in dessen System einzugliedern. Nehmen wir aber auch an, dass das System der posteriores dem Labeo selbst angehört, so ist nicht zu vergessen, dass dies Werk keine systematische Darstellung des Civilrechts, sondern eine Sammlung von Gutachten und sonstigen Entscheidungen ist. Es wäre geradezu sonderbar, wenn Labeo sich bei Zusammenstellung einer solchen Sammlung streng innerhalb der Grenzen gehalten hätte, die Sabinus seinem Civilrechtssystem steckte. Gesetzt z. B. Sabinus hätte, was ich für wahrscheinlich halte, aus irgend welchen Gründen unter den bonae-fidei-Contracten nur den Kauf und die Societät

---

[1]) Vgl. Pernice, Labeo I S. 78.

in sein System aufgenommen, was hätte den Labeo bestimmen sollen, das, was er über Miete oder Mandat an eigenen und fremden Gutachten und Meinungen zusammengebracht hatte, von seiner Sammlung auszuschliessen? Bei einem systematischen Werke sind die systematischen Gesichtspunkte für die Begrenzung des Stoffs massgebend; bei einer Sammlung nach Art der libri posteriores muss sich das System dem vorhandenen Stoff anbequemen. —

Ich werde nunmehr auf Grundlage der Commentare das Sabinussystem titelweise erörtern.

---

De testamentis [1]). Die Ermittlung der Anordnung innerhalb dieses Titels unterliegt grossen Schwierigkeiten. Es kann daher nicht Wunder nehmen, dass die verschiedenen Schriftsteller, die sich mit dieser Aufgabe beschäftigt haben[2]), zu teilweise sehr verschiedenen Ergebnissen gelangt sind. Mehr als ein gewisser Grad von Wahrscheinlichkeit wird sich hier überhaupt nicht erzielen lassen.

*Qui testamenta facere possunt.* Ich stelle, abweichend von Voigt und Kipp, diesen Abschnitt und nicht den „de testamentis ordinandis" oder „de testamentorum generibus"[3]) an die

---

[1]) Ulp. I—XIV, Paul I. II, Pomp. I—IV.

[2]) Voigt a. a. O., Lenel, palingen. bei den libri ad Sabinum, sowie in Übersicht II, p. 1258, Kipp, S. 560 fgg.

[3]) Kipp trennt diese Rubrik von den Abschnitten „de familiae emptore, libripende, testibus, de familiae mancipatione",

Spitze, weil auch in der Digestenrubrik (28. 1) die Worte „qui testamenta facere possunt" den andern „quemadmodum testamenta fiant" vorausgehen, m. E. aber eine grosse Wahrscheinlichkeit dafür spricht, dass bei den hauptsächlich auf der Sabinusmasse aufgebauten Büchern der Digesten auch die Titel an die libri ad Sabinum anknüpften; auch im Codex geht der Titel „qui facere testamentum possunt" (6. 22) dem von der Testamentsform handelnden Titel (6. 23) voraus. Dieses Argument wiegt m. E. schwerer als das aus der umgekehrten Reihenfolge bei Gaius und in den Institutionen.

Von den Fragmenten aus Ulp. I handeln einige unmittelbar von der Testirfähigkeit[1]), andere lassen sich mit grosser Wahrscheinlichkeit an das, was in jener Lehre vorkommen musste, anknüpfen[2]).

---

indem er den Titel „qui testamenta facere possunt" dazwischen schiebt. Ich halte diese Anordnung für sehr unwahrscheinlich: denn von den genera testamentorum konnte ohne Eingehen auf die Form nicht gehandelt werden, und die Bemerkung D. (50. 16) 159, die Kipp als Beleg für seinen Eingangstitel anführt, würde sogar schon eine recht eingehende Behandlung der Form erweisen.

[1]) D. (29. 1) 4, (28. 1) 18 pr. § 1. (Nr. 2422. 2423).

[2]) Wegen des Einzelnen vgl. meine Palingenesie Ulpian Nr. 2421 sqq. Teilweise andere Anknüpfungen geben Voigt und Kipp. Da in diesen Dingen stets nur ein Mehr oder Minder von Wahrscheinlichkeit in Frage steht, Gewissheit schlechterdings nicht zu erzielen ist, so dürfte sich eine eingehende Auseinandersetzung mit den Vorschlägen dieser Schriftsteller kaum sehr fruchtbar erweisen. Die von mir unter Nr. 2421—2424 vermuteten Zusammenhänge dünken mich auch heute noch die relativ wahrscheinlichsten. Speziell die Deutung, die Kipp S. 568 für D. (29. 2) 5 § 1 gibt, halte ich für ganz unmöglich; sie stellt den

*Quemadmodum testamenta fiant.* Unter dieser Rubrik musste zunächst von der äusseren Form der Testamente und der Qualification der bei der Testamentserrichtung beteiligten Formpersonen die Rede sein. Deutlichen Bezug auf die familiae mancipatio hat hier Ulp. I Nr. 2429 D. (50. 16) 159 und wohl auch Nr. 2427 D. (18. 1) 2 § 1; von den Zeugen handelt Nr. 2430 D. (28. 1) 20. D. (18. 1) 2 pr. mag sich auf die Frage beziehen, ob, wenn der Sohn über das peculium castrense testirt, der Vater als familiae emptor fungiren kann, vielleicht aber auch nur Bestandteil einer allgemeinen Erörterung sein, die sich an eine Bemerkung nach Art von Gai. II, 106 i. f. anknüpfte[1]).

An die Lehre von der äusseren Form der Testamente schloss sich naturgemäss die von der inneren Form. Hierher gehören die beiden Vorschriften, dass das Testament eine Erbeinsetzung enthalten und dass die vorhandenen sui

natürlichen Gedankengang auf den Kopf. Ich vermute, dass die Stelle ursprünglich lautete: Eum, cui lege bonis interdicitur, cum cretione institutum posse cernere constat. — Anders steht es um die Nr. 2425. 2426. Ich habe diese Fragmente nur nach langem Schwanken und zweifelnd an diese Stelle gesetzt und räume gerne ein, dass bei D. (26. 8) 1 § 1, (37. 1) 7 pr. — § 2. (1. 5) 10 mehr für die von Kipp angegebenen Zusammenhänge spricht.

[1]) Weiter dürften mit Kipp in die Lehre von der Zeugnissfähigkeit ausser D. (50. 17) 2 auch die am Schluss der vorigen Note angeführten Stellen zu ziehen sein. D. (41. 1) 17 wird an die Frage, ob der servus communis beim Testament eines seiner Herren als familiae emptor habe fungiren können, angeknüpft sein.

instituirt oder exheredirt werden müssen. Von der Erörterung beider Vorschriften besitzen wir bei Ulp. I unzweideutige Reste. Auf die erste geht Nr. 2431 D. (28. 5) 1, wo uns sogar einige Bruchstücke des Sabinustextes selbst erhalten sind[1]), auf die zweite Nr. 2432–2434 D. (28. 2), 1, 3, 15. Welche Erörterung vorausstand, ist ziemlich gleichgiltig; alle Wahrscheinlichkeit spricht aber dafür, dass es, wie bei Gai. II, 116, die über heredis institutio war. Denn die heredis institutio bildet das caput et fundamentum testamenti, und darauf deutet auch Sabinus selbst in den ihm zuzuschreibenden Worten (28. 5) 1 pr.:

> Qui testatur, ab heredis institutione[2]) debet initium facere testamenti.

Der Einwand, den Kipp S. 566 macht, — die angefügte Nota Ulpians, dass man auch mit der exheredatio nominatim facta anfangen könne, lasse vermuten, es sei schon vorher von dem formellen Noterbrecht die Rede gewesen, weil ja sonst der Leser gar nicht gewusst hätte, was eine exheredatio nominatim facta sei —, dieser Einwand ist ohne Gewicht. Der Sabinuscommentar Ulpians war kein Elementarbuch, das bei seinem Leser nichts voraussetzen darf. Eher wäre der umgekehrte Einwand gestattet, ob wohl Sabinus seinen Lesern von institutio und

---

[1]) s. D. (28. 5) 1 pr. § 3. 5, dazu meine Palingenesie.
[2]) Die Compilatoren schoben hier plerumque ein.

exheredatio liberorum habe reden können, ehe er ihnen gesagt, was eine heredis institutio sei; denn das kurze Werk des Sabinus, obwohl kein Institutionenlehrbuch, war doch wohl mehr auf Anfänger berechnet, als die ausführlichen Commentare, die bei jeder Gelegenheit auf die entferntesten Materien abschweifen.

Bemerkenswert ist, dass in dieser Eingangserörterung von der Institution und Exheredation nur der vorhandenen sui, nicht aber der postumi die Rede gewesen zu sein scheint. Es erklärt sich dies wohl daraus, dass die Berücksichtigung etwaiger postumi nicht Bedingung der Giltigkeit des Testaments, sondern nur eine Vorsichtsmassregel für zukünftige Fälle war; ihre Präterition macht das Testament nicht sofort ungiltig, sondern gefährdet nur seine Giltigkeit in der Zukunft.

*Additamenta de ordinandis testamentis*[1]). Wir dürfen uns nicht vorstellen, dass Sabinus in dem Abschnitt, an den sich Ulp. I anschliesst, die Lehre von der äusseren Testamentsform ausführlich erörtert habe. Was er dort von der familiae mancipatio und den Formpersonen sagte, war vielleicht nicht viel mehr als was wir jetzt bei Gaius II, 104—108 lesen. Daran schloss sich sofort die Lehre vom notwendigen Testamentsinhalt. Es ist daher leicht begreiflich, dass er nach Erledigung auch dieses Abschnittes

[1]) Ulp. II Nr. 2435—2440.

wieder auf Fragen der äusseren Form zurückkam, speciell auf die Frage, wie denn der Testamentsinhalt, um giltig zu sein, verlautbart werden müsse. Dass er dies tat, geht aus drei Sabinusbruchstücken, die uns Ulp. II überliefert, klar hervor. Sie lauten:

Heredes palam ita, ut exaudiri possunt (possint *scr.*), nuncupandi sint (sunt *scr.*). D. (28. 1) 21 pr.

Si quid post factum testamentum mutari placuit, omnia ex integro facienda sunt. D. (28. 1) 21 § 1.

Uno contextu actus testari oportet. D. (28. 1) 21 § 3.

Auch die Frage der Bedeutung des unvollendeten Testaments scheint hier besprochen worden zu sein; darauf beziehe ich Ulp. II Nr. 2439. 2440 D. (28. 3) 2, (29. 1) 3.

*De testamento militis?* Dass sich diese Materie bei Sabinus näher behandelt fand, ist unwahrscheinlich, denn das Kaiserrecht über die Militärtestamente ist, abgesehen von einer transitorischen Anordnung Julius Cäsars, spätern Datums, und das testamentum in procinctu war zu Sabinus' Zeit wohl längst unpraktisch; ob seine Commentatoren die Materie ex professo erörtert haben, ist mindestens zweifelhaft; belegt ist sie nur durch Ulp. II Nr. 2441 D. (26. 2) 2 und Pomp. I Nr. 386 D. (40. 4) 3. Schlüsse aus derart vereinzelten Fragmenten sind aber immer bedenklich, auch wenn es schwer hält, sie in andere Zusammenhänge einzuordnen. An sich würde das Militärtestament sich gut hier an den Schluss der Lehre von der Testamentsform einfügen.

*De postumis instituendis vel exheredandis*[1]). An die Besprechung der Erfordernisse, die das Testament erfüllen muss, damit es nicht ungiltig *sei*, schloss sich naturgemäss die Erörterung eines solchen, die es erfüllen muss, damit es nicht ungiltig *werde*. Dass Sabinus an dieser Stelle den Inhalt der obigen Rubrik behandelte, geht aus dem Sabinusbruchstück Ulp. III Nr. 2446 (28. 3) 3 pr. hervor:

> Postumi per virilem sexum descendentes ad similitudinem filiorum nominatim exheredandi sunt, ne testamentum adgnascendo rumpant.

*De servorum institutione*[2]). Hiemit beginnen eine Reihe von Spezialuntersuchungen aus der Lehre von der Erbeinsetzung, in deren Aufeinanderfolge wohl schwerlich ein bestimmtes Anordnungsprinzip gewaltet hat. Die Lehre von der Erbeinsetzung der Sklaven bildet auch bei Gai. II, 185—190 einen besonderen Abschnitt.

*De institutione condicionali*[3]). Dass Ulp. IV allgemein von der bedingten Erbeinsetzung

---

1) Ulp. III Nr. 2444—2446, Paul. I Nr. 1601, Pomp. I Nr. 388.

2) Ulp. III Nr. 2447—2451, Pomp. I Nr. 389. Ulp. Nr. 2449 — D. (29. 2) 4, (50. 17) 3 — bringe ich damit in Zusammenhang, dass der Sklave nur iussu domini antreten, also auch ausschlagen kann.

3) Ulp. IV Nr. 2453—2457, Pomp. I Nr 390. 391, Paul. I Nr. 1603. 1604 (?).

handelte, lässt sich daraus schliessen, dass er Nr. 2453 D. (28. 5) 4 mit den Worten beginnt:

Suus *quoque* heres sub condicione heres potest institui.

Die Erörterung der bedingten Erbeinsetzung führte sehr natürlich zu Untersuchungen über die von einer condicio iuris abhängige Pupillarsubstitution und über die Rechtslage der statuliberi[1]). Beide Materien werden ex professo erst an spätern Stellen behandelt, die Pupillarsubstitution bei Ulp. VI, die statuliberi bei Ulp. XXVII; ihr Erscheinen bei Ulp. IV dürfte daher auf Rechnung des Commentators, nicht des Sabinus selbst zu setzen sein. Ganz willkürlich ist, wenn Voigt auf Grund der Stellen, die die *Pupillar*substitution betreffen, hier einen Titel de *vulgari* substitutione in das Sabinussystem einschiebt. Es ist ja sehr möglich, wenn gleich nicht beweisbar[2]), dass Ulp. IV und ebenso die andern Commentatoren sich gelegentlich der bedingten Einsetzung auch auf die Vulgarsubstitution einliessen; dass aber Sabinus an dieser Stelle ex professo dieses Institut besprochen, d. h. es systematisch sowohl von der Pupillarsubstitution als von der cretio, an die es allenfalls angeschlossen werden konnte,

---

[1]) Ulp. IV Nr. 2454—2456.

[2]) Nur D. (28. 6) 10 § 7 bezieht sich bei Ulp. IV auf einen Fall von Vulgarsubstitution, aber auf einen solchen, der aufs engste mit der Lehre von der bedingten Erbeinsetzung zusammenhängt. Vgl. Scaev. Nr. 187 D. (28. 6) 48 § 1, die Quelle Ulpians l. c.

getrennt habe, ist im höchsten Grade unwahrscheinlich.

Dagegen ist allerdings vielleicht anzunehmen, dass die Lehre von der bedingten Erbeinsetzung nicht die einzige war, die das 4. Buch Ulpians ausfüllte; denn die beiden Stellen D. (41. 1) 18, (45. 3) 2 (Nr. 2458. 2459) dürften kaum irgendwie in den Zusammenhang jener Lehre zu pressen sein.

*De herede instituendo*[1]). Im Eingang der Lehre von den Testamenten hatte Sabinus die heredis institutio nur desshalb berührt, weil sie Erforderniss der Giltigkeit des Testaments ist, und er hatte sich dort begnügt, die für sie geltenden Formalvorschriften darzustellen. Hier an dieser spätern Stelle ging er auf die materiellen Giltigkeitsvoraussetzungen der institutio ein. Dies gab den Commentatoren Gelegenheit, alle Arten von Mängeln der institutio zu erörtern[2]), und ich habe daher dem, was uns aus ihnen hier erhalten ist, in der Palingenesie die Rubrik de institutionibus vitiosis vorgesetzt; Sabinus aber dürfte wohl nicht bloss von den möglichen vitia, sondern auch positiv von den Erfordernissen der gehörigen Einsetzung gehandelt haben. Irre ich

[1]) Ulp. V Nr. 2460—2466, Pomp. II Nr. 392. 394, zweifelhaft, ob auch Nr. 395—397.

[2]) Differenz zwischen Wille und Erklärung: Ulp. Nr. 2460, Pomp. Nr. 392; ungenaue Bezeichnung des Erben: Ulp. Nr. 2461; Einsetzung von juristischen Personen: Ulp. Nr. 2462; Einsetzung ex certa re: Ulp. Nr. 2463; Fassungsfehler: Ulp. Nr. 2464; zweifelhafte Fälle bei cum libertate eingesetzten Sklaven: Ulp. Nr. 2465; Einsetzung unter unmöglicher Bedingung: Ulp. Nr. 2466.

nicht, so erkenne ich seinen Lapidarstil in den Worten bei Ulp. Nr. 2461 D. (28. 5) 9 § 9:

Heres institui nisi ut certe demonstretur, nemo potest.

Auch Ulp. Nr. 2463 D. (28. 5) 9 § 12 mag wörtliches Referat aus Sabinus sein:

Heredes iuris successores sunt et, si plures instituantur, dividi inter eos a testatore ius oportet: quod si non fiat, omnes aequaliter heredes sunt.

Solche und ähnliche Sätze boten den Commentatoren die Handhabe zu ihren ausführlichen Excursen. Die Anknüpfungen im Einzelnen sind begreiflicher Weise sehr zweifelhaft.

*De substitutione pupillari (de substitutionibus?)*[1]. Dass hier der Platz der Pupillarsubstitution im Sabinussystem war, ergibt sich aus Ulp. VI Nr. 2469 D. (28. 6) 2 pr.:

Moribus introductum est, ut quis liberis impuberibus testamentum facere possit[2].

Diese Worte gehören, wie das folgende „quod sic erit accipiendum" zeigt, dem Sabinus an und

---

[1]) Ulp. VI Nr. 2468. 2469. Pomp. II Nr. 398–400.

[2]) Das hier in den Digesten folgende „donec masculi ad quattuordecim annos perveniant, feminae ad duodecim" ist Interpolation. Sabinus kann dies nicht geschrieben haben, da er die Pubertät der masculi nicht an ein bestimmtes Alter knüpfte, Gai. I, 196, und Ulpian wohl ebensowenig: denn die mores, die hier in Frage stehen, hatten zwar das Prinzip des Pupillartestaments, nicht aber die Dauer der Unmündigkeit festgestellt, vgl. auch Ulp. VI D. (28. 1) 5 (Nr. 2468), wo Ulpian sehr vorsichtig sagt: verius est in masculis quidem quartum decimum annum spectandum.

stellen den Sitz der Lehre fest. Sehr wahrscheinlich war hier zugleich auch die Vulgarsubstitution behandelt, obwohl wir in Ulpians Commentar keine sichere [1]) und in dem des Pomponius auch nur eine vereinzelte und darum zweifelhafte Spur [2]) davon finden.

*De adquirenda vel omittenda hereditate* [3]). Über die Anordnung innerhalb dieses Titels ist nur aus Ulpians Commentar Aufschluss zu erlangen, da nur in diesem der Titel mehrere Bücher ausfüllt. Im Ganzen wahrscheinlich dürfte folgende Ordnung sein:

a) Nur die hereditas delata kann angetreten werden, Ulp. VI Nr. 2471 [4]).

b) Unterscheidung zwischen heredes necessarii und voluntarii, Ulp. VI Nr. 2473. Auch Nr. 2472 [5]), worin der Satz aufgestellt und ausgeführt wird, dass der homo alieni iuris nicht wider den Willen seines Gewalthabers antreten könne, kann hieher zu ziehen sein. Sabinus wird gesagt haben, der extraneus heres könne nach freiem Belieben antreten oder ausschlagen: der Commentator schränkt dies durch jenen Satz

---

[1]) D. (29. 2) 3 kann zum folgenden Abschnitt gehören.

[2]) D. (50. 16) 162 pr. (Nr. 400). Dürfen wir dieser Spur trauen, so stand, wie ja auch zu vermuten, die Lehre von der Vulgarsubstitution vor der von der Pupillarsubstitution.

[3]) Ulp. VI—IX Nr. 2471—2501, Paul. II Nr. 1608—1625, Pomp. III Nr. 402—423.

[4]) Doch kann diese Stelle — D. (29. 2) 3 — auch zur Lehre von der Vulgarsubstitution gezogen werden, s. oben bei n. 1.

[5]) D. (29. 2) 6 mit den zugehörigen Stellen D. (50. 17) 4 (49. 17) 5.

ein. Vom Antritt iussu patris dominive ist ex professo erst bei Ulp. VIII die Rede (vgl. h, β).

c) Antritt der Unmündigen (und sonstigen in der Handlungsfähigkeit beschränkten Personen), Ulp. VII Nr. 2476. 2477.

d) Erfordernisse gehörigen Antritts (kein Teilantritt u. dgl.), Ulp. VII Nr. 2478.

e) Repudiatio, Ulp. VII Nr. 2479—2481. Der Eingang von Nr. 2479 D. (29. 2) 13, der von Ulpian im Folgenden einschränkend interpretirt wird, dürfte in seiner ursprünglichen Gestalt[1]) dem Sabinus angehören.

f) Pro herede gestio, Ulp. VII Nr. 2482—2485.

g) Grösse jeder Erbportion bei Mehrheit der Erben, Ulp. VII Nr. 2486—2489. Sabinus[2]) kam zu dieser Lehre an dieser Stelle offenbar dadurch, dass er fragte: welcher Teil der Erbschaft wird durch den Antritt der Erbschaft erworben, da, wo der Erblasser diesen Teil nicht ziffermässig genau und correct festgesetzt hat?

h) Cretio, Ulp. VIII. IX Nr. 2490—2501.

α) Zulassung zur cretio auf Grund cautio Muciana, Nr. 2490, wahrscheinlich auch Nr. 2595 (falsch inscribirt). Diese Erörterung kann übrigens auch unter den bei γ) vermuteten Gesichtspunkt gezogen werden.

β) Cretio iussu patris dominive, Nr. 2491—2493.

---

[1]) Vgl. über diese meine Palingenesie.

[2]) Anführung des Sabinus („si cui pars adposita non est") in Nr. 2488 D. (28. 5) 17 pr.

γ) Erläuterung der Worte der Cretionsformel „in diebus centum, quibus *scies poterisque*", daher Untersuchung über die Voraussetzungen wirksamer über die Tatsache der Delation gewiss sein cretio, insbesondere darüber, dass der Cernent muss[1]), Nr. 2494—2496[2]).

δ) Specialfälle, Nr. 2499—2501.

*De rupto vel irrito facto testamento*[3]). Nur von dem nachträglich ungiltig werdenden Testament ist hier die Rede, nicht, wie Voigts Rubrik will, auch vom testamentum iniustum oder — so Leist — von der Ungiltigkeit der Testamente überhaupt. Der Abschnitt schliesst, so eingeschränkt, sehr passend die Lehre von den Testamenten. Die Reihenfolge der Materien innerhalb des Abschnitts lässt sich aus Ulpian noch erkennen:

a) Ungiltigkeit wegen eigentlicher adgnatio postumi, Ulp. IX.

---

[1]) Worte des Sabinus in Nr. 2494 D. (29. 2) 30 § 1.

[2]) Nicht zu ermitteln ist der Zusammenhang der Nr. 2497. 2498. Meine in der Palingenesie ausgesprochene Vermutung ist wenig wahrscheinlich, wohl noch unwahrscheinlicher freilich die von Kipp a. a. O. S. 573 geäusserte, es habe Ulpian, der in diesem Buch gelegentlich auch den Erwerb der b. p. berührte, hier nebenbei die Beschränkungen im gerichtlichen Auftreten gestreift. Am ehesten möchte ich jetzt glauben, dass Sabinus gelegentlich der in Nr. 2494 D. (29. 2) 30 § 1 sqq. besprochenen Materie die Infamie der mulier per calumniam ventris nomine in possessionem missa berührt und dabei eine allgemeine Bemerkung über die Infamie gemacht habe, die nun von Ulpian in Nr. 2497. 2498 sei es ausgeführt sei es eingeschränkt wird.

[3]) Ulp. IX—XI Nr. 2502—2511, Paul. II Nr. 1626—1630, Pomp. III Nr. 424—427.

b) Ungiltigkeit durch Nachrücken entfernterer sui, Ulp. X Nr. 2505.

c) Ungiltigkeit wegen capitis deminutio des Testators und aus verwandten Gründen, Ulp. X Nr. 2507—2509.

d) Ungiltigkeit wegen sui, die auf künstlichem Wege (Adoption u. s. w.) nachträglich erwachsen sind, Ulp. XI Nr. 2510.

e) Testamentum ruptum per testamentum posterius, Ulp. XI Nr. 2511 cf. Pomp. III Nr. 426. 427.

*De legitimis heredibus* [1]).

a) De hereditate ingenui. Aus Ulpian erkennen wir die drei Unterabschnitte de suis heredibus [2]), de consanguineis heredibus [3]), de adgnatis heredibus [4]), der letzte eingeleitet durch die Worte Sabins:

> Post consanguineos admittuntur adgnati, si consanguinei non sunt.

Ob sich ein vierter Unterabschnitt de gentilibus heredibus anschloss, bleibt dahingestellt, da wir nicht wissen, wie es zu Sabins Zeiten mit dem gentilicischen Erbrecht stand. Die Ausscheidung der consanguinei aus dem Gesammtkreis der Agnaten hängt ohne Zweifel mit der Voconiana

---

[1]) Ulp. XII—XIV Nr. 2512—2529, Paul. II Nr. 1631 (?), 1632 (?) — beide Stellen lassen auch andere Beziehungen zu —, Pomp. IV Nr. 428—434. Die Pomponiusfragmente handeln übrigens fast alle nicht von der hereditas, sondern von der bonorum possessio (intestati und c. t.); Sabinus mag zu diesem Excurs durch eine gelegentliche Bemerkung den Anlass gegeben haben.

[2]) Ulp. Nr. 2512.

[3]) Ulp. Nr. 2513.

[4]) Ulp. Nr. 2524.

ratione erfolgten Einschränkung des Erbrechts der weiblichen Agnaten zusammen.

Ulpian (Nr. 2514—2523) schob in diesen Abschnitt die Erläuterungen des SC Orfitianum und Tertullianum ein, und zwar entweder beide zwischen die Unterabschnitte de consanguineis und de adgnatis, oder nur die zu dem Tertullianum an dieser Stelle, die zu dem Orfitianum aber schon hinter dem Unterabschnitt de suis, da die durch das Orfitianum berufenen Erben ja selbst allen consanguinei vorgingen.

b) De hereditate liberti, Ulp. XIV Nr. 2525. 2526. Anhangsweise war hier ohne Zweifel auch von der Erbschaft des emancipatus gehandelt, arg. Ulp. XIV Nr. 2527.

c) De postumo herede? Ulp. XIV Nr. 2528. Ob die Erörterung Ulpians über den postumus heres auf eine Bemerkung des Sabinus zurückgeht, ist sehr zweifelhaft. Ulpian beginnt mit den Worten:

> Utique et ex lege duodecim tabularum ad legitimam hereditatem is qui in utero fuit admittitur .....

Et ex lege duodecim tabularum: *auch* zur hereditas legitima der 12 Tafeln wird er zugelassen. Dies deutet darauf, dass zuvor von einer andern Art Erbschaft die Rede war. Nun hat Ulpian in diesem Buch unter der Rubrik de hereditate liberti einen ausführlichen Excurs — Nr. 2526 (D. 38. 4) 1, 3, 5 — eingeschoben, worin er von der adsignatio liberti handelt, und gerade von dem Senatusconsult, das diese eingeführt hat, berichtet Pomp. IV senatuscons. D. (38. 4) 13 § 1 (Nr. 812):

> De liberis, qui sunt in potestate, senatus locutus est: ergo de postumis nihil hoc senatus consulto provisum est: magis tamen puto etiam postumos contineri.

Wahrscheinlich hat Ulpian eine ähnliche Bemerkung gemacht und daran den Excurs de postumo herede angeknüpft.

4. De legitimis tutoribus? Ulp. XIV Nr. 2529. Die legitima tutela war bei Sabinus ex professo sicher nicht an dieser Stelle, sondern weiter unten in der Lehre von der Vormundschaft überhaupt behandelt. Hier wird sich wohl nur eine Anmerkung über den Parallelismus zwischen hereditas legitima und tutela legitima gefunden haben, an die Ulpian anknüpfen konnte.

II. De legatis[1]). Dieser Teil des Sabinussystems macht in den Commentaren den Eindruck eines bunten Gemisches allgemeiner und spezieller Erörterungen und hat diesen Charakter auch in Voigts Reconstruction durchaus behalten. Ich meinerseits glaube es wahrscheinlich machen zu können, dass Sabinus mit einem allgemeinen Abschnitt über die Art der Hinterlassung der Legate begann; daran schloss sich eine Be-

[1]) Ulp. XV—XXV, Paul. III. IV, Pomp. V—VII.

sprechung der lex Falcidia; und hierauf folgte die mehr oder minder ausführliche Behandlung einer grossen Zahl spezieller Legatsfälle, — ein ähnliches Verfahren, wie wir es bei Paulus in den sent. III, 6 finden. Dieser besondere Teil der Legatenlehre steht aber nicht unter einem einheitlichen Gesichtspunkt; bald ist es die Eigentümlichkeit des Gegenstandes des Legats, bald eine eigentümliche Clausel, z. B. Bedingung oder Befristung, die das Interesse des Sabinus erweckte und ihn zu Erläuterungen veranlasste, und Fälle beider Art wechseln mit einander ab. Bei Sabinus nun, der sich in der Regel sehr kurz gefasst haben dürfte, trat die verschiedenartige Natur dieser Fälle naturgemäss weit weniger hervor, als bei den Commentatoren, die, von den besonderen Entscheidungen ausgehend, allgemeine Prinzipien zu entwickeln suchen. Man wird sich hüten müssen, diese in den Commentaren auftauchenden allgemeinen Lehren ohne Weiteres in das Sabinussystem einzuordnen, überall vielmehr mit der Möglichkeit zu rechnen haben, dass dieses Allgemeine auf ganz spezielle Anknüpfungspunkte zurückgeht. Dass sich ein Beweis für diese Annahme nicht führen lässt, liegt in der Natur der Dinge; ich glaube aber, sie empfiehlt sich durch ihre innere Wahrscheinlichkeit. Mir wenigstens scheint es nicht glaublich, dass Sabinus z. B. etwa zwischen der dos relegata und dem aurum argentumve legatum vom dies cedens oder mitten in einer Erörterung anderer höchst spezieller Legatengegenstände plötzlich von Entrichtung, Ademtion und Translation der Legate im Allgemeinen gehandelt habe.

Da uns die Commentare hier wie sonst nur zum allerkleinsten Teile erhalten sind, so ist natürlich aus ihnen ein vollständiges Bild namentlich dieses besonderen Teils nicht zu gewinnen; bei vielen Stellen bleiben die Anknüpfungen dunkel oder zweifelhaft. Ich werde im Folgenden selbstverständlich nicht auf jede einzelne Stelle eingehen, mich vielmehr begnügen, auf Grund meiner Palingenesie die Materien festzustellen, die in den Commentaren ersichtlich oder doch wahrscheinlich behandelt waren, und, wo es angeht, Vermutungen darüber zu äussern, wie der Ausgangspunkt für diese Erörterungen bei Sabinus beschaffen gewesen sein mag. Dass bei Sabinus sich aber noch manch anderes fand, wovon uns keine sichere Spur erhalten ist, versteht sich von selbst und wird überdies durch die relativ grosse Zahl der in ihren Beziehungen nicht zu enträtselnden Commentarbruchstücke bewiesen.

*De his quae in testamento delentur vel adimuntur?*[1]). Dieser Abschnitt gehört sicher bereits in die Lehre von den Legaten, obgleich er

---

[1]) Ulp. XV Nr. 2531. 2532, Paul. III Nr. 1633—1635, Pomp. V Nr. 436. Paul. Nr. 1635 und Pomp. Nr. 436 können auch in andern Zusammenhang gehören.

seinem Inhalt nach allgemeinere Bedeutung hat. Dafür spricht schon, dass er bei allen Commentatoren ein neues Buch eröffnet; auch hat er mit der unmittelbar voraufgehenden hereditas legitima gar nichts zu tun, und auch, wenn man (mit Leist und Voigt) die Erörterung der Intestaterbfolge nur als einen Unterabschnitt der Lehre vom Testament ansieht, wäre es doch im höchsten Grade sonderbar, wenn Sabinus oder seine Commentatoren sich diese Spezialuntersuchung aus der Lehre vom Testament bis nach völliger Erledigung der Intestaterbfolge aufgespart hätten. Es fragt sich nun aber, wie Sabinus dazu kommen konnte, just an der Spitze der Lehre von den Legaten von dieser Materie zu handeln. Sabinus selbst, nicht etwa bloss seine Commentatoren: denn ihm dürfte der Eingangssatz von Ulp. Nr. 2531[1]) zuzuschreiben sein, den dieser Jurist im Folgenden, ebenso wie Paul. Nr. 1633, commentirt. Gewiss wird hier ein allgemeinerer Zusammenhang zu suchen sein. Dieser könnte nun m. E. darin gelegen haben, dass Sabinus gleich Eingangs bemerkte, Legate könnten nicht bloss im Testament selbst, sonden auch in codicilli testamento confirmati hinterlassen werden. Daran mochte ungezwungen ein Satz sich schliessen, wie der,

[1]) D. (28. 4) 1 pr.: Quae in testamento legi possunt, ea inconsulto deleta et inducta nihilo minus valent, consulto non valent: id vero quod non iussu domini scriptum (inductum deletumve del.) est, pro nihilo est.

den wir jetzt in Ulpians Fragmenten XXIV, 29 finden:

> Legatum quod datum est adimi potest vel eodem testamento vel codicillis testamento confirmatis, dum tamen eodem modo adimatur, quo modo datum est.

Damit aber war der Übergang zu unserer Materie gegeben. Ich glaube also, dass an der Spitze der Legatenlehre nicht etwa bloss der S. 37 n. 1 angeführte Satz stand, sondern ein Abschnitt: Legata quemadmodum relinquantur. In einen Abschnitt dieses allgemeinen Inhalts reihte sich sodann als Unterabschnitt ein der gleich folgende:

*De generibus legatorum*[1]). Die Existenz dieses Abschnitts, worin von den bekannten vier Legatsarten die Rede war, ist an sich zu vermuten und wird durch die angeführten Belege wohl sicher gestellt; dieselben ordnen sich ohne allen Zwang der Rubrik unter und ergeben, wie ich in den Anmerkungen zu meiner Palingenesie gezeigt habe, Beziehungen zu allen vier Legatsarten.

*Ad legem Falcidiam?* In allen drei Commentaren folgt auf den vorigen Abschnitt ein solcher über die solutio indebiti[2]), wobei ohne

---

[1]) Ulp. XV Nr. 2533—2543, Paul. III Nr. 1636—1641, Pomp. V Nr. 437—451.

[2]) Ulp. XVI Nr. 2544. 2545, Paul. III Nr. 1642—1645, Pomp. V Nr. 453.

Zweifel[1]) an die legata indebite soluta zu denken ist. Es lassen sich hierfür verschiedene Anknüpfungen unterstellen. In meiner Palingenesie erinnerte ich an den bekannten Satz (Gai. II, 283): id quod ex causa falsa per damnationem legati plus debito solutum sit, repeti non potest. Es ist mir jetzt wahrscheinlicher, dass Sabinus, gleichwie Gaius, hinter dem Abschnitt de generibus legatorum einen solchen ad legem Falcidiam hatte und dass der Anknüpfungspunkt für die Erörterung der Commentare darin zu suchen ist, dass Sabinus die über das Mass der lex Falcidia hinausgehende Zahlung berührte. Dafür spricht die ausdrückliche Erwähnung der Falcidiae stipulatio bei Ulp. Nr. 2544 D. (35. 2) 70, und auch, dass die Compilatoren in der zugehörigen Stelle D. (12. 6) 2 pr. hinter „si apparuisset esse indebitum" eingeschoben haben „vel Falcidia emerserit", eine Interpolation, die wahrscheinlich durch den ursprünglichen Zusammenhang der Stelle veranlasst ist. Auch gewinnen wir so für zwei weitere Stellen aus dem gleichen Buch Ulpians — Nr. 2546. 2547 —, denen ich in der Palingenesie die Ueberschrift „de legatis secundis tabulis relictis" gab, einen natürlichen Zusammenhang[2]). Beide Stellen ordnen

[1]) Darauf deutet auch speziell noch Ulp. XVI Nr. 2544 D. (35. 2) 70, eine Stelle, die mit D. (12. 6) 2 pr. offenbar in engster Beziehung steht.

[2]) Auch Voigt zieht sie in seinem Sabinussystem unter die Rubrik ad legem Falcidiam, die er freilich an unrichtige Stelle setzt.

sich leicht dem in Nr. 2547 auch ausgesprochenen Gesichtspunkt unter „patris et filii testamentum pro uno habetur", und es ist bekannt, welche Bedeutung dieser Satz im Recht der lex Falcidia hatte. Auffallend ist nur bei dieser Annahme, — und das bestimmte mich, sie in meiner Palingenesie zu verwerfen —, dass von den Erörterungen, die die Commentare über das Recht der lex Falcidia selbst notwendig gegeben haben müssten, durchaus nichts in die Digesten übergegangen ist. Doch mag sich dies daraus erklären, dass in dem Titel ad legem Falcidiam, dessen Grundstock die Papiniansmasse und in zweiter Linie die Edictsmasse bildet, die Sabinusmasse nur eine ergänzende Rolle spielt, gerade die Sabinuscommentare aber hier wohl nicht sehr tief in das Detail gingen und daher den Compilatoren kein Material boten, dessen Aufnahme neben den ausführlichen Excerpten aus der Papiniansmasse und Edictsmasse ihnen noch nützlich hätte scheinen können.

*De usu fructu et usu legato*[1]). Auf die allgemeine Lehre von den Legaten folgt, wie die Commentare mit aller Sicherheit ergeben, die Erörterung einer grösseren Reihe von Legaten

[1]) Ulp. XVII. XVIII Nr. 2548–2594, Paul. III Nr. 1646–1661, Pomp. V Nr. 454–473. Der Zusammenhang der Ponponiusstellen Nr. 474–480 ist dunkel. Da der Commentar nur so sehr lückenhaft erhalten, z. B. der ganze Abschnitt de dote relegata spurlos ausgefallen ist, ist dies an sich nicht zu verwundern; doch werden zum Teil auch Inscriptionsversehen vorliegen.

bestimmten Inhalts, die durch den obigen Abschnitt eröffnet wird. Die Ordnung innerhalb des Abschnitts de usu fructu etc. kann nicht der Titelfolge der Digesten in Buch VII entnommen werden, da diese, wie die Inscriptionen zeigen, sich nicht an die Sabinuscommentare anschliesst; Anhalt gewährt dagegen der in zwei Bücher zerfallende Commentar Ulpians und die Reihenfolge der Vaticanischen Fragmente aus Ulp. XVII, die der Epitomator, der zu Umstellungen hier keinerlei ersichtlichen Anlass hatte, wohl ohne Zweifel ganz in der Ordnung aufnahm, wie er sie in seiner Vorlage fand. Eine streng systematische Anordnung darf man hier freilich so wenig wie anderwärts bei Sabinus suchen; vielmehr wechselten gewiss, ganz wie bei Paul. sent. III, 6, 17–33, Sätze allgemeinen Inhalts mit Betrachtung specieller Fälle des Niessbrauchs ab. Ich gelange zur Annahme folgender Unterabschnitte:

a) Quando usus fructus legati dies cedat, Ulp. XVII, Nr. 2548. 2549.

b) Quibus modis usus fructus legatus amittitur, Ulp. XVII, Nr. 2550—2557.

c) Quid usu fructu legato contineatur, Ulp. XVII, Nr. 2558—2561.

Hier wird der Inhalt des Niessbrauchs mit besonderer Rücksicht auf den usus fructus fundi und servi — die wichtigsten Fälle — dargestellt.

d) De usu fructu adcrescendo, Ulp. XVII, Nr. 2562—2571.

e) Additamenta de iure usufructuarii, Nr. 2572—2574.

Hier werden einige Spezialfragen besprochen: juristisches uti frui durch Vermietung oder Verkauf des Niessbrauchs, sowie durch Rechtsgeschäfte des Niessbrauchssklaven, Moment des Fruchterwerbs, Rechtsverhältnisse des partus ancillae und der Heerdenjungen.

f) De usu legato, Ulp. XVII, Nr. 2575—2581.

Bei Ulpian (Nr. 2576) wird hier die habitatio legata besonders besprochen, was, wie aus der Form der Fragestellung Ulpians — an perinde sit atque si usus (legetur) quaeritur — hervorgeht, bei Sabinus wohl nicht der Fall war.

g) De cautione usufructuaria et iure proprietarii, Ulp. XVIII, Nr. 2582—2588.

Hier finden sich Erörterungen über die Verpflichtungen des Usufructuars aus der Caution und über die Rechtsstellung des Proprietars ihm gegenüber, wie auch überhaupt über dessen Rechte an der Niessbrauchssache.

h) De usu fructu earum rerum quae usu consumuntur, Ulp. XVIII, Nr. 2589—2593.

i) De servitutibus, quae fundi usu fructu legato debentur, Ulp. XVIII, Nr. 2594.

Der Abschnitt i) ist wohl nur Stück eines grösseren Abschnitts, der über die dem Niessbrauchslegatar zu Gebote stehenden Actionen und deren Inhalt handelte[1]), selbstverständlich mit Unterscheidung der verschiedenen genera legatorum.

Die Reihenfolge der drei letzten Rubriken beruht nur auf der Ordnung der zugehörigen Digestentitel, ist also nach dem Obigen unsicher, innerlich aber nicht unwahrscheinlich.

*De dote relegata*[2]). Dass Sabinus selbst und nicht bloss die Commentatoren die dos relegata besprochen haben, wird wahrscheinlich durch den Eingang von Ulp. Nr. 2596 D. (33. 4) 1 pr. § 1, der bis zu den Worten „ob hoc quod dos relegata est" dem Sabinus zuzuschreiben sein dürfte; denn Ulpian wendet sich im Folgenden gerade *gegen* die in den angeführten Worten liegende Begründung der vorher gegebenen Entscheidung. Dass Sabinus das legatum dotis bloss als Spezialfall des debitum legatum berührt habe, was Kipp (a. a. O. S. 574) für möglich zu halten scheint, ist mir wenig glaublich. Denn während das legatum dotis offenbar ein sehr häufiger und praktisch wichtiger Fall des Legats war, dürfte das legatum debiti im Uebrigen bei den Römern schwerlich grössere praktische Bedeutung besessen haben als bei uns. Sabinus aber beabsichtigte bei seinen Spezialbemerkungen über einzelne Legate sicherlich nicht eine Darstellung

---

[1]) Minder wahrscheinlich ist mir die Vermutung Kipps a. a. O. S. 573, wonach Abschnitt i) nur ein Stück des Abschnitts g) wäre.

[2]) Ulp. XIX Nr. 2596–2599 (2600?), Paul. III Nr. 1662. 1663.

nach beherrschenden systematischen Gesichtspunkten, sondern er hob, ganz wie Paulus in seinen sententiae und wie noch die Digesten in den Büchern 33.34, nur einfach die praktisch wichtigsten Fälle der Legate aus der Gesammtmasse heraus [1]).

*De optione vel electione legata* [2]). Dass sich unter dieser Rubrik neben der Behandlung des eigentlichen Themas bei den Commentatoren auch Excurse über den dies legati cedens finden,

---

[1]) Ich bleibe also, im Gegensatz zu Kipp, dabei stehen, dass aller Wahrscheinlichkeit nach Ulpian das debitum legatum nur gelegentlich der dos relegata berührt hat und nicht umgekehrt. Ob ich die Ulpianschen Stellen, die ich in der Palingenesie unter Nr. 2597 zusammengefasst habe, genau in der Reihenfolge wiedergegeben habe, wie sie sich, natürlich verbunden durch mancherlei in den Digesten ausgefallene Zwischenglieder, bei Ulpian fanden, oder ob, wie Kipp meint, eine andere Ordnung vorzuziehen ist, dies scheint mir eine sehr untergeordnete Frage. Die Palingenesie hat m. E. ihre Aufgabe erfüllt, wenn sie den wahrscheinlichen ursprünglichen Zusammenhang der einzelnen Stellen der Nummer vor Augen führt. Die Reihenfolge, in der ich sie gebe, will zeigen, wie ich mir den Gedankengang des Juristen plausibel vorstelle. Wenn uns aber von einer Erörterung, wie hier ohne Zweifel, der grösste Teil verloren ist, so kann diese Aufreihung nie mehr als den Wert einer Hypothese haben, der vielfach eine andere von gleicher Wahrscheinlichkeit wird gegenübergestellt werden können. Was übrigens speziell Nr. 2597 angeht, so möchte ich bemerken, dass ich mir die Zusammenhänge zwischen den einzelnen Stellen weit weniger unmittelbar gedacht habe, als Kipp anzunehmen scheint. So ist z. B. freilich klar, dass (30. 17) 13 sich nicht „mit den Exceptionen“, sondern „mit der Erläuterung des cepisse“ beschäftigt. Aber (30) 28 pr. konnte Anlass geben zu bemerken, dass eine Klage, der exceptio gegenüberstehe, keinen Wert habe, und daran knüpfte sich sehr leicht die weitere Anmerkung: darum gilt auch der Erwerb einer solchen Klage nicht als „cepisse“ in Fällen, wo der Begriff des capere eine Rolle spielt.

[2]) Ulp. XX Nr. 2601—2605, Paul. III Nr. 1661. 1665. Pomp. VI Nr. 481—486.

kann nicht Wunder nehmen, da die optio legata als bedingtes Legat galt[1]), daher Besonderheiten hinsichtlich des dies cedens aufwies und zum Eingehen auf diese Materie aufforderte. Für abwegig halte ich den Gedanken, den Kipp (S. 576) wenigstens als Möglichkeit hinstellt, „dass umgekehrt von der Erörterung des dies cedens ausgegangen und so unter anderen hier zu betrachtenden Spezialfällen auch auf die optio legata gekommen wurde“[2]). Wie sollte eine derartige allgemeine Erörterung ohne äusseren Anlass mitten unter die der speziellsten Legatsarten gelangen? Nicht ganz ohne Bedeutung dürfte auch sein, dass sich auch in den Digesten der Titel de optione vel electione legata (33. 5) unmittelbar an den Titel de dote praelegata (33. 4) anschliesst. Die Reihenfolge der Digestentitel (33. 2), (33. 4), (33. 5) ist allem Anschein nach den Sabinuscommentaren entnommen.

*De auro et argento legato*[3]). Dass Sabinus selbst dies Thema berührte, und gewiss wahr-

---

[1]) I. (2. 20) 23.

[2]) Für abwegig halte ich diesen Gedanken auch dann, wenn unter den wenigen uns erhaltenen Fragmenten diejenigen, die vom dies cedens handeln, bei Ulpian *vor* denjenigen, die einzelne Fälle der optio besprechen, gestanden haben. Dies ist in der Tat wahrscheinlich, so dass also die Reihenfolge in meiner Palingenesie zu berichtigen wäre (s. hiezu Kipp a. a. O.); Sabinus wird, was er über das legatum optionis sagte, dem Sinne nach mit der Anmerkung eingeleitet haben: optionis legatum condicionale est; damit begann dann auch der Commentar.

[3]) Ulp. XX Nr. 2606, Paul. III Nr. 1666, Pomp. VI Nr. 487 bis 489. Vgl. tit. D. (34. 2).

scheinlich an dieser Stelle, ergibt Ulp. Nr. 2606 D. (34. 2) 19 § 13. Vielleicht gehört auch das pr. von (34. 2) 19 dem Sabinus.

*De instrumento legato*[1]). Sabinus dürfte in den libri iuris civilis wohl nur vom instrumentum legatum, nicht vom fundus instructus legatus gehandelt haben; denn dafür, dass zwischen diesen beiden Legaten ein Unterschied bestehe, beruft sich Ulp. XX D. (33. 7) 12 § 27 nicht auf die libri iuris civilis, sondern auf Sabins libri ad Vitellium. Diese letztere Schrift wird zwar auch schon zuvor gelegentlich des instrumentum legatum citirt, D. (33. 7) 8 pr., und auch das Citat D. (33. 7) 12 § 13 mag auf sie zu deuten sein[2]); indessen sind diese Anführungen jedenfalls nicht derart, um die Annahme zu rechtfertigen, dass die Anregung zur Behandlung des instrumentum legatum überhaupt nicht von den libri iuris civilis ausgegangen sei.

*De suppellectili legata?*[3]) Ob dies Legat bei Sabinus vorkam, steht dahin. Bei Ulpian finden wir es nicht ex professo behandelt. Verdächtig ist, dass Pomponius l. c. D. (33. 10) 1 suppellex als „domesticum patris familiae *instrumentum*" definirt; die Erörterung könnte hienach sehr wohl an das instrumentum legatum angeknüpft sein.

---

[1]) Ulp. XX Nr. 2607—2611, Paul. IV Nr. 1668—1670, Pomp. VI Nr. 490—493.

[2]) Das Citat (33. 7) 12 § 20 ist ein indirectes aus Celsus und gehört daher keinesfalls den libri iuris civilis an.

[3]) Paul. IV Nr. 1671. 1672, Pomp. VI Nr. 491.

Bei Ulpian (XXI) folgen auf die Erörterung des instrumentum legatum Besprechungen allgemeiner Fragen, die ich unter die Rubriken *De eadem re pluribus (vel saepius) legata* (Nr. 2615 bis 2617), *Si ex testamento agatur* (Nr. 2618. 2619), *De legatis inutiliter relictis* (Nr. 2620—2625) einordnen zu dürfen glaube. *Sichere* Anknüpfungen bei Paulus und Pomponius fehlen[1]). Dass Sabinus selbst sich auf die hier behandelten Materien eingelassen habe, will ich nicht als unmöglich bezeichnen; wahrscheinlich ist es mir nicht, da bei Ulp. XXII die Erörterung alsbald wieder zu speziellen Fällen übergeht. Vermutlich stehen vielmehr alle diese Untersuchungen ebenfalls in Beziehung zu irgend welchen von Sabinus erläuterten besonderen Legatsfällen. Es braucht dabei nicht um desswillen, weil Sabinus bis dahin dem Anschein nach durchweg Legate mit besonderem *Gegenstand* behandelt hat und auch nachher alsbald wieder zu solchen Erörterungen übergeht, unterstellt zu werden, auch hier lägen derartige Erörterungen zu Grunde, die dann für Ulpian nur einen ziemlich entfernten Anstoss gegeben haben könnten. So systematisch verfahren die alten Juristen nicht. Sabinus hat, wie schon oben bemerkt, sicherlich mitten unter den durch ihren Gegenstand ausgezeichneten Legaten auch Fälle besprochen, die durch andere Eigen-

[1]) S. aber Paul. IV Nr. 1674, Pomp. VI Nr. 496.

tümlichkeiten seine Aufmerksamkeit auf sich zogen, und um solche wird es sich hier gehandelt haben.

Auch aus Ulp. XXII sind mehrere Stellen auf uns gekommen, deren Beziehungen unter sich und zu Sabinus im Dunkel bleiben[1]). Weiterhin begegnen wir zunächst einem Abschnitt:

*Si uxoris causa parata legentur*[2]). Vielleicht entstammt der Eingang von Ulp. Nr. 2635 den libri iuris civilis:

> Hoc legatum „uxoris causa parata" generale est et continet tam vestem quam argentum aurum ornamenta ceteraque, quae uxoris causa parantur.

Dazu würde ganz gut stimmen, dass Ulpian sofort die Frage aufwirft: „sed quae videantur uxoris causa parari?" und diese Frage im Anschluss an Sabins libri ad Vitellium beantwortet.

*De lana lino purpura vestimentis legatis*[3]). Bei Ulp. XXII Nr. 2639 D. (32) 70 § 2 wird Sabinus citirt; ob die libri iuris civilis gemeint sind, steht dahin. Ich vermute aber, dass die allgemeinen Definitionen, die wir in Nr. 2639. 2640 finden, in der Tat Citat aus den libri iuris civilis sind und dass erst die Compilatoren hier den Namen des Sabinus gestrichen haben. So vor allem die Definition der lana in D. (32) 70 pr.,

[1]) Es sind dies die Nr. 2627—2634, D. (30) 44, 47, (34. 7) 5.
[2]) Ulp. XXII Nr. 2635—2638, Paul. IV Nr. 1675.
[3]) Ulp. XXII Nr. 2639. 2640.

vielleicht auch § 1, ebenso die des linum eod. § 10. 11, des vestimentum in (34. 2) 22.

*De penu legata*[1]). Diese Materie ist die einzige aus der Legatenlehre, deren Erörterung in Sabinus Werk und zwar im zweiten Buch uns direct bezeugt wird, vgl. Gell. 4, 1 § 21—23:

> Masurius autem Sabinus in iuris civilis secundo, etiam quod iumentorum causa apparatum esset, quibus dominus uteretur, penori attributum dicit[2]). ligna quoque et virgas et carbones, quibus conficeretur penus, quibusdam ait videri esse in penu[3]). ex his autem, quae promercalia et usuaria isdem in locis [essent], esse ea sola penoris putat, quae satis sint usu annuo[4]).

*De legatis in diem incertam relictis*[5]). Der Eingang von Ulp. XXIII Nr. 2643 D. (32) 50 pr.

> Cum filio familias ita legatur: „cum is in tutelam suam pervenerit", pubertatis tempus significatur

ist, wie aus den folgenden Anmerkungen Ulpians hervorgeht, Citat aus Sabinus und zwar wohl ohne Zweifel aus den libri iuris civilis. Ob darin

---

[1]) Ulp. XXII Nr. 2641, Paul. IV Nr. 1676. 1677, Pomp. VI Nr. 500.

[2]) Vgl. Ulp. XXII D. (33. 9) 3 § 7. In dem Infinitiv legato non cedere tritt hier noch das Citat hervor; es wird wohl ein dem Sabinus entnommenes Citat aus Mucius zu verstehen sein.

[3]) Ulp. eod. § 9. Der ganze Paragraph mit seinen Citaten aus der älteren Literatur wird dem Sabinus angehören. Vgl. Sanio, zur Gesch. der röm. Rechtswissensch. S. 21 fg.

[4]) Vgl. Paul IV D. (33. 9) 4 § 2 (Nr. 1676).

[5]) Ulp. XXIII Nr. 2642—2646, Paul. IV Nr. 1678. 1679, Pomp. VI Nr. 501—504.

der einzige Anstoss zur allgemeinen Behandlung der Materie für die Commentatoren lag oder ob Sabinus noch andere ähnliche Fälle besprach, lässt sich nicht entscheiden. Die zwischen Labeo und Celsus eingesprengte Anführung des Sabinus in D. (36. 2) 12 § 1 (Ulp. Nr. 2645) hat wohl schwerlich Beziehung auf die unmittelbare Vorlage des Commentators.

*De vino legato*[1]). Ob das Citat bei Ulp. Nr. 2648 D. (33. 6) 9 pr.

Sabinus scribit omnia vini appellatione contineri, quae vini numero pater familias habuit

den libri iuris civilis entstammt, ist ungewiss; unwahrscheinlich ist es nicht. Das oleum legatum bei Paul. Nr. 1680 wird wohl nur analog herangezogen sein.

*De liberatione legata*[2]). Es scheint, dass zu Sabinus Zeiten die Zulässigkeit des Liberationslegats noch bestritten war und dass Sabinus dies erwähnte. Darauf deute ich den Beginn der Erörterung Ulpians in D. (34. 3) 3 pr. (Nr. 2653):

Liberationem debitori posse legari iam certum est.

Der Commentar Ulpians führt keinerlei alte Autoritäten an; er ist wesentlich Ausschreibung Julians.

---

[1]) Ulp. XXIII Nr. 2647—2652, Paul. IV Nr. 1680. 1681, Pomp. VI Nr. 505. 506.

[2]) Ulp. XXIII Nr. 2653—2657, Pomp. VI Nr. 507—509.

*De libris chartis bibliotheca legatis*[1]). Ulpian l. c. D. (32) 52 § 3 citirt hier den Sabinus:

Libris autem legatis bibliothecas non contineri Sabinus scribit

und kommt in § 7a auf dies Citat zurück.

*De poenae causa relictis?*[2])

*De regula Catoniana?*[3]) Beide Rubriken füge ich nur zweifelnd ein, da sie nur aus Ulpian und bei diesem nur mit wenigen Fragmenten zu belegen sind, die auch andere Beziehungen zulassen. Eine gewisse Unterstützung gewährt der Umstand, dass auch in den Digesten beide Rubriken unmittelbar auf einander folgend vorkommen, freilich ohne Fragmente aus Ulp. XXIV zu enthalten. Inwieweit Sabinus zur Erörterung dieser Materien den Anstoss gab, entzieht sich natürlich gänzlich der Beurteilung.

*Legata quemadmodum solvantur*[4]). Die Beziehungen der einzelnen Fragmente ergeben sich leicht. Den Commentaren werden auch hier von Sabinus entschiedene Einzelfälle zu Grunde liegen. So könnte z. B. — mehr als die Möglichkeit behaupte ich nicht — bei Ulp. Nr. 2667 D. (33. 1) 3 das pr. von Sabinus sein und die folgende Erörterung veranlasst haben.

---

[1]) Ulp. XXIV Nr. 2661, Paul. IV Nr. 1682, Pomp. VI Nr. 510.
[2]) Ulp. XXIV Nr. 2662.
[3]) Ulp. XXIV Nr. 2663—2665.
[4]) Ulp. XXIV Nr. 2666—2670, Paul. IV Nr. 1683. 1684.

*De adimendis vel transferendis legatis*[1]). Auch hier vermute ich bei Sabinus keine allgemeinen Grundsätze, sondern nur Einzelentscheidungen wie etwa die in D. (34. 4) 3 pr. (Ulp. Nr. 2673):

Si quis ita legaverit: „Titio fundum do lego: si Titius decesserit, Seio heres meus dare damnas esto“, recte translatum legatum videtur.

*De repetitione legatorum*[2]).

*Si res legata heredis culpa perierit?*[3])

*De ligno legato*[4]). Vielleicht ist der Eingang von Ulp. l. c. D. (32) 55 pr. Sabinisch:

Ligni appellatio[5]) nomen generale est, sed sic separatur, ut sit aliquid[6]) materia, aliquid[6]) lignum. materia est, quae ad aedificandum fulciendum necessaria est, lignum, quidquid comburendi causa paratum est.

*De peculio legato*[7]). Sabinus wird — und doch wohl wahrscheinlich aus den libri iuris civilis — citirt von Ulpian in D. (33. 8) 8 § 3. 4:

Item quaeritur, si servo libertas data sit, si decem dedisset heredi, peculiumque ei legatum sit, an decem, quae dedisset heredi, debeant de peculio decedere. et est verum quod Sabino

---

1) Ulp. XXIV Nr. 2671—2676.

2) Ulp. XXV Nr. 2677, Paul. IV Nr. 1685, Pomp. VII Nr. 513.

3) Ulp. XXV Nr. 2678.

4) Ulp. XXV Nr. 2679, Paul. IV Nr. 1686.

5) appellatio *del.* (Mommsen).

6) aliud *scr.* (Haloander).

7) Ulp. XXV Nr. 2680, Paul. IV Nr. 1687—1689, Pomp. VII Nr. 514—517.

placuit, hoc minus esse in peculio legato. (§ 4.) Plus ait Sabinus, si statuliber servum heredi vendiderit, perinde desinere eum in peculio esse, atque si extraneo vendidisset.

Den Ausgangspunkt der ganzen Ulpianschen Erörterung wird vermutlich die von Sabinus gegebene Definition des Peculiums gebildet haben.

*De libertate relicta?*[1]) Ob dieser bei Ulpian nicht vertretene Abschnitt auf Sabinus zurückgeht, wage ich nicht zu entscheiden. An sich wäre es ja wohl denkbar, dass Sabinus am Schlusse der Legatenlehre auch die directe Hinterlassung der Freiheit berührt hätte; dass die Rechtsstellung speziell der statuliberi erst weiter unten behandelt wird, würde kein durchschlagender Gegengrund sein.

De his qui sui vel alieni iuris sunt?[2]) Was uns von Ulp. XXVI erhalten ist, bezieht sich durchweg auf Fragen, die in die Lehre von der väterlichen Gewalt gehören: Wahnsinn des paterfamilias, Gefangenschaft desselben, Hindernisse der iustae nuptiae, Adrogation, Adoption. Die in n. 2 angeführten kurzen Fragmente aus Paul. IV betreffen die Emancipation und Adoption. Bei dieser Sachlage scheint es mir, trotzdem uns bei Pomponius nichts hieher gehöriges erhalten ist, nicht gerechtfertigt, mit Leist und Karlowa die Existenz eines von der

---

[1]) Paul. IV Nr. 1690. 1691, Pomp. VII Nr. 518—520.
[2]) Ulp. XXVI Nr. 2684—2696, Paul IV Nr. 1692. 1693.

väterlichen Gewalt handelnden Abschnitts im Sabinussystem zu bezweifeln und den später folgenden Abschnitt de statuliberis etwa als blossen Anhang der Legatenlehre anzusehen. Es ist an sich wahrscheinlich, dass in einem Civilrechtssystem die väterliche Gewalt nicht unerörtert blieb, und es ist unwahrscheinlich, dass die sämmtlichen Bruchstücke von Ulp. XXVI einem Excurse angehören, zu dem man, wenn man keinen Anhalt in der Vorlage voraussetzt, keine rechte Veranlassung sieht. Auch dass auf den Abschnitt de statuliberis noch (s. unten) ein solcher de operis libertorum folgt, spricht dafür, dass wir es hier nicht mit einem Anhängsel der Legatenlehre, sondern mit einem Stück eines neuen, wenn auch nicht sehr umfangreichen, doch eines Hauptteils des Systems — de iure personarum handelnd — zu tun haben.

Geht man nun hievon aus, so drängt sich sofort die Vermutung auf, dass Sabinus hier nicht nur von der väterlichen Gewalt gehandelt haben werde; er wird vielmehr alle Formen der familienrechtlichen Abhängigkeit besprochen haben, eine Erörterung, von der uns, da manus und mancipium im Justinianischen Recht unpraktisch geworden waren, weder direct noch durch die Commentare vermittelt etwas übrig bleiben konnte.

Daran dürfte sich weiter, wie die später folgenden Abschnitte de statuliberis und de operis libertorum vermuten lassen, ein Titel *de libertis,* geschlossen haben, der gleichfalls keine Spur hinterlassen hat[1]). Dies darf uns nicht Wunder nehmen. Von den Freilassungsformen nämlich braucht Sabinus hier nicht gehandelt zu haben; werden sie doch auch im ersten Buch der Institutionen des Gaius nicht ex professo dargestellt. Hat Sabinus aber, wie Gaius, nur die Beschränkungen der Freilassung und die verschiedenen Kategorien der liberti zur Erörterung gebracht, so waren seine und seiner Commentatoren Ausführungen für die Compilatoren fast durchaus unpraktisches Material, das ihnen keine Gelegenheit zu Excerpten bot.

Auffallen könnte freilich, dass die von uns vermuteten Materien bei Ulpian einen relativ geringen Raum eingenommen hätten, nämlich höchstens das 26. und einen Teil des 27. Buches, da in letzterem bereits auch von den statuliberi gehandelt ist. Indess ist dieser Raum doch nur relativ gering gegenüber der ungemeinen Aus-

---

[1]) Man könnte versucht sein, Spuren derart in den S. 53 n. 1 angeführten Stellen aus Paul. IV und Pomp. VII zu finden, die von der testamentarischen Freilassung handeln; allein ich glaube, dass, wenn Sabinus von dieser ex professo und nicht bloss gelegentlich als Anhang zur Legatenlehre gehandelt hätte, uns dann mehr als diese dürftigen Reste von den Commentaren erhalten wären. Noch weniger wird man Ulp. XXVI Nr. 2695 D. (1. 14) 1 als Stück einer Erörterung über die Freilassung ansehen dürfen: die Stelle gehört allem Anschein nach entweder in den Zusammenhang, in den ich sie in der Palingenesie gestellt habe, oder aber zu einer Erörterung über die öffentlichrechtliche Stellung der filii familias.

dehnung, die Ulpians Erörterungen über die Legate haben; diese Ausdehnung aber ist wesentlich veranlasst durch eine reiche Casuistik, die Ulpian bei Sabinus vorfand und zu Excursen aller Art benutzen konnte. Nehmen wir an, dass in den uns hier beschäftigenden Abschnitten die Casuistik zurücktrat, dass Sabinus vielleicht gar die neuen Gesetze über die Freilassung nur cursorisch berührt, nicht aber ausführlich dargestellt hat, so erscheint der Raum von etwa 1½ Büchern für die zwei Abschnitte de his qui sui vel alieni iuris sunt und de libertis nicht allzu enge bemessen

De statuliberis[1]). Einen Hauptteil der Erörterungen Ulpians (Nr. 2697) bilden Ausführungen darüber, dass der statuliber auch frei wird, si per heredem stat quo minus condicio impleatur. Dass Sabinus selbst sich mit dieser Frage sei es in den iuris civilis libri sei es anderwärts beschäftigt hat, zeigt das Citat Paul. 16 ad Plaut. (40. 7) 20 § 3.

De operis libertorum[2]).

De mancipatione?[3]) Die Existenz dieser Rubrik wird nach dem Vorgang von Voigt auch von Karlowa und Krüger angenommen. Voigt unterstellt, dass hier nebstdem auch de fiducia,

---

[1]) Ulp. XXVII. XXVIII Nr. 2697—2701, Paul. V Nr. 1695—1698, Pomp. VIII Nr. 521—527.

[2]) Ulp. XXVIII Nr. 2702. 2703, Pomp. VIII Nr. 528.

[3]) Ulp. XXVIII Nr. 2704—2706 (Nr. 2706 kann auch aus Ulp. XXIX sein), Paul. III Nr. 1699. 1700, Pomp. VIII Nr. 529. 530.

Karlowa und Krüger, dass auch von der Tradition, ersterer, dass auch von der Injurecession gehandelt worden sei. Dem gegenüber muss betont werden, dass in den sämmtlichen erhaltenen Commentarbruchstücken nur von dem Vorbehalt und der Auflage von Servituten durch lex mancipi die Rede ist und dass schon für die Behauptung, Sabinus habe an dieser Stelle auch nur die Mancipation selbst überhaupt erörtert, der Beweis fehlt. Die *Möglichkeit* dieser Annahme will ich freilich nicht bestreiten, die Lehre von der Mancipation hätte dann die Einleitung zu der folgenden Lehre vom Kauf gebildet. Ich will aber nicht unterlassen, auch noch auf eine andere Möglichkeit hinzuweisen. In der Lehre von den statuliberi sind ohne Zweifel auch die mannigfachen Vorbehalte besprochen worden, die bei der Mancipation eines statuliber vorzukommen pflegten [1]). Allerdings bezwecken diese Vorbehalte alle nur die Abwehr der actio auctoritatis für den Fall, dass die Bedingung der Freiheit sich erfüllen sollte. Allein wie leicht war doch auch von hier aus der Übergang zu einer allgemeinen Erörterung über die Bedeutung der lex mancipi! Gerade der Gegensatz konnte den Übergang vermitteln. Statuliberi condicio immutabilis est, sagt Ulp. XXVIII

[1]) Vgl. namentlich Scaev. D. (21. 2) 69; s. auch Paul. V Nr. 1715 — D. (40. 7) 10 —, eine Stelle, die ebenso gut unter den Titel de statuliberis, wie unter den de emptione et venditione, wohin ich sie in der Palingenesie gesetzt habe, gehören kann.

D. (40. 7) 9 § 1. 3: d. h. die lex mancipi kann seine Rechtslage nicht verändern. Im Gegensatz dazu: fundi condicio mutabilis est, die Rechtslage des fundus kann bei der Mancipation durch Vorbehalt und Auflage von Servituten verändert werden. Beweisen lässt sich ein derartiger Zusammenhang natürlich ebenso wenig wie die Hypothese Voigts. Allein es ist entschieden auffallend, dass aus der sicher recht umfangreichen Lehre von der Mancipation, wenn sie an dieser Stelle stand, nur so wenige, alle auf einen ganz speziellen Punkt convergirende Fragmente ihren Weg in die Digesten gefunden haben sollen, da doch sonst die Compilatoren bekanntlich gar viele ursprünglich die Mancipation betreffende Entscheidungen im Wege der Interpolation ihren Zwecken angepasst haben. Es darf ferner darauf aufmerksam gemacht werden, dass bei den Commentatoren, wie wir sehen werden, die Mancipation mitten in der Lehre vom Kauf wieder auftaucht, was bei der Natur der Sabinuscommentare ja gewiss kein durchschlagender Beweis, aber doch ein Wahrscheinlichkeitsgrund dagegen ist, dass kurz zuvor die Mancipation nach allen Richtungen erörtert wurde. Nach alledem gebietet m. E. die Vorsicht, die Existenz der Rubrik de mancipatione bescheidentlich im Ungewissen zu lassen[1]).

[1]) Kein entscheidendes Gewicht lege ich darauf, dass bei Pomponius die hiehergehörigen Fragmente noch in lib. VIII

De emptione et venditione[1]). Die Ermittelung der Anordnung innerhalb dieses Abschnittes bietet teilweise unüberwindliche Schwierigkeiten. Den Eingang bildete wohl ohne Zweifel eine Untersuchung de contrahenda emptione (Ulp. XXVIII, Paul. V, Pomp. IX). Hier behandeln die Commentatoren die Lehre vom bedingten Kauf, zu der auch die Erörterung der in diem addictio gehört, ferner die vom pretium certum, den Voraussetzungen des Consenses, den möglichen Gegenständen des Kaufs. Einen besonderen Abschnitt widmet Ulpian[2]) der venditio vini, die durch die praktischen Eigentümlichkeiten, die dies Geschäft in Rom hatte[3]), gerechtfertigt war. Weiterhin finden wir bei Ulp. XXIX die verschiedenartigen Verbindlichkeiten des Verkäufers besprochen. In der Palingenesie habe ich diesen Abschnitt der Übersicht halber unter die drei Rubriken de mancipatione et traditione rei venditae, de duplae stipulatione, de custodia a venditore praestanda[4]) verteilt. In den Commen-

fallen, während die Lehre vom Kauf erst in lib. IX beginnt. Eine solche Trennung würde, wenn die Mancipation nur als Einleitung zur Lehre vom Kauf behandelt wurde, allerdings auffallend sein, aber doch nicht beispiellos, da z. B. derselbe Pomponius den Abschnitt de tutelis mitten in lib. XVI beginnt, um ihn dann in den folgenden Büchern fortzusetzen.

[1]) Ulp. XXVIII. XXIX Nr. 2707—2735, Paul. V Nr. 1701—1726, Pomp. IX—XI Nr. 531—575.

[2]) Und wahrscheinlich ebenso Paulus und Pomponius, s. Paul. Nr. 1710, Pomp. Nr. 550.

[3]) s. Goldschmidt, Zschr. f. H. Rt I S. 73 fg.

[4]) Ein Stück dieser Lehre bildet wohl ohne Zweifel der Excurs über die Zuständigkeit der actio furti (Nr. 2733—2735),

taren wird man eine so streng durchgeführte Einteilung nicht suchen dürfen. Vielmehr wird Sabinus wohl seiner Gewohnheit entsprechend mancherlei Spezialfragen behandelt haben, die den Commentatoren erwünschte Gelegenheit zu Abschweifungen boten. So finden wir z. B. bei Pomponius die Evictionshaftung des Käufers in allen seinen drei Büchern, die vom Kaufe handeln, berührt [1]). Man wird hier auf sichere Resultate verzichten müssen. Noch weniger ist es natürlich möglich, rückschliessend den Inhalt des Kapitels vom Kauf in Sabins Werk selbst zu reconstruiren. Sabinus wird in der Lehre vom Kauf sehr oft citirt (vgl. Sabin. Nr. 81—93), und gar manches davon wird den libri iuris civilis zuzuweisen sein. Ist dies, was ich für wahrscheinlich halte, bei den Citaten in den Commentarstellen D. (18. 2) 4 § 5, 9, 11 pr. § 1, 14 § 1, (47. 2) 17 § 2 der Fall, so würde erhellen, dass Sabinus sich sowohl bei der addictio in diem, wie auch bei der Frage der Zuständigkeit der actio furti erheblich in das Detail eingelassen hat.

Grosse Bedenken erregt die Frage, wohin die Fragmente Ulp. XXX Nr. 2736. 2737 und Paul. VI Nr. 1727 zu stellen sind. Sie handeln von den Fragen, welche Vertreter zum Zahlungsempfang befugt sind und ob ein Pupill zur

---

der sich ebenso auch bei Pomponius (Nr. 567. 568) und Paulus (Nr. 1724—1726) fand, dessgleichen die zwei Stellen über die Haftpflicht des Commodatars (Ulp. Nr. 2732, Paul. Nr. 1723).

[1]) Pomp. IX Nr. 559, X Nr. 564. 565, XI Nr. 572. 573.

Zahlung und Zahlungsannahme der tutoris auctoritas bedürfe. In der Palingenesie habe ich sie, nicht ohne starken Zweifel, de pretii solutione überschrieben und noch der Lehre vom Kauf zugewiesen. Der Zweifel beruht darauf, dass von Kauf und Kaufpreis in den Fragmenten mit keinem Wort die Rede ist. Voigt (S. 354 Nr. 74) sieht in den Bruchstücken eine Einleitung zur Lehre von der dos, die er mit der besonderen Rubrik „quibus et a quibus recte solvitur" überschreibt. Näher als diese, wie mir dünkt, höchst unwahrscheinliche Annahme scheint auf den ersten Blick die Vermutung zu liegen, Sabinus habe zwischen Kauf und Societät (s. unten) das Mandat behandelt und hier die Äusserung getan, die an der Spitze von Ulp. Nr. 2736 — D. (46. 3) 12 — steht und den ganzen Excurs veranlasst haben kann:

Vero procuratori recte solvitur.

Allein dann wäre doch wieder sehr auffallend, dass der unterstellte Abschnitt de mandato den Compilatoren nur diese dürftige Ausbeute geliefert haben sollte, während sie in den Abschnitten vom Kauf und der Societät eine verhältnissmässig recht reiche Ernte gehalten haben. Mir scheint jetzt mehr als für alle diese Hypothesen für die Vermutung zu sprechen, dass Sabinus unter dem Titel „de societate" auch die Rechtsverhältnisse der argentarii socii besprochen habe, von denen nach Paul. 3 ad edict. D. (2. 14) 27 pr.

Labeo schrieb, ein einzelner könne zwar eine Societätsforderung nicht noviren, wohl aber könne ihm giltig gezahlt werden, „quamvis ei recte solvatur“. Von hier ergab sich leicht der Übergang zu dem weiteren Satz, im Übrigen könne wirksam nur an einen verus procurator gezahlt werden und so der Anknüpfungspunkt für unsern Excurs.

De societate et communione [1]). In diesem Abschnitt ging die Societät der communio voraus; denn Pomp. XII Nr. 577 — D. (17. 2) 59 [2]) — behandelt im Anschluss an ein Citat aus Sabinus eine Spezialfrage des Societätsrechts, während die die iudicia divisoria betreffenden Fragmente sich erst bei Pomp. XIII finden. Relativ reichhaltig sind unter unserer Rubrik die erkennbaren Citate aus den libri iuris civilis. Dahin gehört aus Ulp. XXX Nr. 2739

> Coiri societatem et simpliciter licet: et si non fuerit distinctum, videtur coita esse universorum quae ex quaestu veniunt [3]).

Wahrscheinlich ferner der Eingang von Nr. 2740 — D. (17. 2) 14 — bis zum Wort abeatur, sodann sicher, unter gleicher Nr., D. (17. 2) 16 § 1:

---

[1]) Ulp. XXX Nr. 2738—2750, Paul. VI Nr. 1728—1741, Pomp. XII. XIII Nr. 577—592.

[2]) Die Inscription der Stelle ist nicht anzuzweifeln, namentlich nicht etwa in Pomp. XIII zu verändern; denn aus Pomp. XIII ist die folgende Stelle, die, wenn die vorhergehende dem gleichen Buch angehörte, nicht besonders inscribirt sein würde.

[3]) Das Folgende ist, wie Eisele mit Recht vermutet, ein Einschiebsel, s. Zschr. f. Rgesch. XXIV, S. 7.

Qui igitur paciscitur, ne dividat, nisi aliqua iusta ratio intercedat, nec vendere poterit, ne alia ratione efficiat, ut dividatur[1]).

Ebenso Nr. 2745 D. (17. 2) 45:

Rei communis nomine cum socio furti agi potest, si per fallaciam dolove malo amovit[2]).

Aus Paul. VI scheint Nr. 1740 D. (10. 2) 44 pr. dem Sabinus zu gehören; dass wenigstens hier ein vorgaianischer Schriftsteller spricht, ergibt sich aus der indirekten Rede bei Gai. Nr. 235 D. (17. 2) 34 i. f. Pomp. XII endlich citirt den Sabinus deutlich im Eingang von Nr. 577 D. (17. 2) 59:

„Adeo morte socii solvitur societas, ut nec ab initio pacisci possimus, ut heres etiam succedat societati." haec ita in privatis societatibus *ait*.

De iure dotium[3]).

*De dotium generibus*[4]). Vielleicht rührt die Definition der dos profecticia bei Ulp. Nr. 2751 D. (23. 3) 5 pr. von Sabinus her. Dass dies Kapitel den Eingang bildete, geht aus den fr. Sinait. X, 26 hervor: περὶ τῆς adventicias προικὸς εἶπον . . . . . ἐν τοῖς προλαβοῦσιν βιβλίῳ λα' τίτλῳ α'.

---

[1]) Pernice, Labeo I S. 483.

[2]) Das Folgende „vel rem communem celandi animo contrectet" ist Interpolation oder Glossem.

[3]) Ulp. XXXI—XXXVI Nr. 2751—2823, Paul. VI. VII Nr. 1742 bis 1779, Pomp. XIV—XVI Nr. 594—637.

[4]) Ulp. XXXI Nr. 2751, Pomp. XIV Nr. 595.

*De dotis fructu*[1]. Diese Erörterung schloss sich naturgemäss an den Satz an, der auch bei Ulpian an der Spitze steht: dass die Früchte der dos dem Manne zufallen.

*De dotis causa*[2]. Ich habe den in n. 2 angegebenen Bruchstücken Ulpians in der Palingenesie die Rubrik de rebus in dotem datis vorgesetzt, und in der That beziehen sie sich sämmtlich auf Fälle der dotis datio. Allein ich glaube nicht, dass Sabinus an dieser Stelle die dotis datio als eine Art der Bestellung der dos ex professo behandelte, vielmehr, dass er hier nur die Natur der dotis causa erörterte, wie ja auch in den Digesten der Satz „dotis causa perpetua est" an der Spitze des Titels de iure dotium steht. Diese Annahme stimmt vortrefflich zu dem Inhalt der Fragmente; sie besprechen die dotis causa als Traditions- und Usucapionsgrund. Sie erklärt ferner, wie es kommt, dass wir im Folgenden statt einer Fortsetzung der Lehre von der dos zunächst die donatio inter virum et uxorem erörtert finden: Sabinus wird die donationis causa in Gegensatz zu der dotis causa gestellt und darum die Lehre hier eingeschoben haben. Schwer begreiflich wäre es dagegen, wenn Sabinus die dotis datio von den übrigen Bestellungsarten

---

[1]) Ulp. XXXI Nr. 2752—2755, Paul. VII Nr. 1745. 1746.
[2]) Ulp. XXXI Nr. 2756—2759.

der dos durch dies ganz fremde Einschiebsel getrennt hätte.

*De donationibus inter virum et uxorem*[1]). Commentar zu Sabinus enthält nur Ulp. XXXII; Ulp. XXXIII handelte, wie es scheint, ausschliesslich von der bekannten oratio Caracallae. Worte des Sabinus treten deutlich hervor in Nr. 2762 pr.: „qui in eiusdem potestate sunt"; diese Worte werden im Folgenden ausführlich erläutert. Ferner sind vor Nr. 2767 D. (24. 1) 7 § 8 allem Anschein nach die Worte ausgefallen, in denen Sabinus die Giltigkeit der donatio manumissionis causa facta aussprach, und so wird auch wohl in Nr. 2768 D. (24. 1) 9 § 2 der Satz „inter virum et uxorem mortis causa donationes receptae sunt", den Ulpian sogleich commentirt, Sabinisch sein.

*De dotis constituendae modis*[2]). In meiner Palingenesie hatte ich hier die Rubrik: de dote aestimata aliisque dotis constituendae modis;

[1]) Ulp. XXXII. XXXIII Nr. 2760—2782, Paul. VII Nr. 1747 bis 1753, Pomp. XIV Nr. 598—601.

[2]) Ulp. XXXIV Nr. 2783—2793, Paul. VII Nr. 1754—1759, Pomp. XIV Nr. 602—605. Zu Ulp. Nr. 2791—2793 vgl. die Bemerkungen Kipps a. a. O. S. 579; die Correspondenz mit Pomp. XV Nr. 609. 610, die mich bestimmte, die Nr. 2791. 2792 in der Palingenesie unter die Rubrik soluto matrimonio zu stellen, ist nicht sicher genug, um dies zu rechtfertigen. Nr. 2794 ist wohl, wie auch Kipp annimmt, Zwischenbemerkung. Dagegen dürfte Nr. 2795 falsch inscribirt sein und zu Ulp. XXXIV ad edictum gehören (Kipp hält für ebenso möglich, statt XXXIV ad Sab. zu lesen: XXXII ad Sab.; allein die Verwechselung von IIII und II ist selten und nicht so leicht zu erklären, als die zwischen ad Sab. und ad edictum, darum nicht zu vermuten).

ich vermutete, dass, nachdem die dotis datio bereits zuvor Besprechung gefunden, hier die übrigen Bestellungsweisen nachgetragen worden seien, eine Hypothese, die zu dem Inhalt der erhaltenen Fragmente an sich stimmt. Jetzt ist mir wahrscheinlicher, dass hier überhaupt von der Bestellung der dos die Rede war; wenn die dotis datio in den angeführten Bruchstücken nicht erwähnt ist, so kann dies sehr wohl Zufall sein; auch die dotis promissio ist bei Ulpian nur durch eine unsichere Spur vertreten, und die dotis dictio gar nicht.

***Soluto matrimonio quemadmodum dos reddatur***[1]). Hält man die Fragmente von Ulp. XXXV und Pomp. XV zusammen, so gewinnt es den Anschein, dass Sabinus in diesem Unterabschnitt zunächst die Voraussetzungen der actio rei uxoriae (die Ehe muss bestanden haben und gelöst sein) und die Fragen, an wen und wann die dos zu restituiren sei, besprochen habe. Bei Ulp. XXXVI begegnen uns sodann die Capitel vom beneficium competentiae, von der retentio propter mores, impensas und donationes, von der Activlegitimation zur actio rei uxoriae, von der Gefahrtragung, der retentio propter liberos (?), de dote constante matrimonio reddita et deminuta, de fundo dotali (?) Die Reihenfolge der Kapitel ist zum Teil durch die fragmenta

---

[1]) Ulp. XXXV. XXXVI Nr. 2796—2823, Paul. VII Nr. 1760 bis 1779, Pomp. XV. XVI. Nr. 607—637.

Sinaitica festgestellt[1]). Wie viel uns aber verloren ist, beweisen eben die Kapitelziffern, die uns in dieser Quelle erhalten sind. Denn hier wird das Kapitel über die Activlegitimation als cap. XV verzeichnet, das über die Gefahrtragung als cap. XVI, das über die Vergrösserung und Verringerung der dos als cap. XIX[2]). Zugleich sehen wir, wie bunt sich die Erörterungen durcheinandermischten und wie aussichtslos es wäre, hier im Einzelnen nach einem durchgeführten System zu suchen.

De tutelis[3]). Die Einteilung des Titels, wie sie sich aus Ulpian ergibt und durch die anderen Commentare nicht widerlegt wird, war anscheinend folgende. Als Einleitung diente wohl ein Abschnitt de iurisdictione tutelari (Ulp. Nr. 2824—2827). Alsdann folgte in ausführlicher Darstellung die Erörterung der verschiedenen genera tutelarum. Sicher ist wenigstens, dass bei Ulp. XXXVI die tutela testamentaria, bei Ulp. XXXVIII, XXXIX die legitima tutela patroni (Nr. 2838. 2839), die cessicia tutela (Nr. 2840) und die Dativtutel (Nr. 2841—2849) einen Gegenstand der Erörterung bildete und dass die Bruchstücke Nr. 2832—2836 aus Ulp. XXXVII, obwohl nur Nr. 2832 direkt von der legitima ad-

---

[1]) Ich habe die Stellen in meiner Palingenesie angeführt.

[2]) Aus Paul. VII erwähnen die Sinait. die Titel XXXIII und XXXV, s. Sin. XII, 34 und VIII, 18.

[3]) Ulp. XXXVI—XL Nr. 2824—2855, Paul. VIII Nr. 1780 bis 1786, Pomp. XVI. XVII Nr. 638—651.

gnatorum tutela handelt, doch leicht Bestandteile eines Excurses[1]) zu dieser Lehre gewesen sein können; Nr. 2837 aber betrifft den tutor praetorius, eine Lehre, die, wie der Eingang des Fragments zeigt[2]), in Verbindung mit der legitima tutela besprochen war. An die Lehre von der tutela dativa könnte sich die von der Nomination, Excusation und Sicherheitsleistung angelehnt haben (Ulp. XXXIX Nr. 2851—2853). Den Schluss bildet bei Ulp. (XL Nr. 2854. 2855) die Erörterung der auctoritas tutoris. Indessen dürfen wir uns weder vorstellen, dass die Commentare so glatt systematisch verliefen, wie es nach dieser Aufzählung den Anschein hat[3]), noch auch, dass der Inhalt der Commentare und der libri iuris civilis selbst sich ausschliesslich nur innerhalb der genannten Materien bewegte. Namentlich beweisen Paul. VIII Nr. 1785. 1786 und Pomp. XVII Nr. 651, dass auch die Lehre von der Verantwortlichkeit der Vormünder — und zwar sowohl die actio rationibus distrahendis wie die actio tutelae — in den Commentaren ihre Stelle gehabt hat. In den Ulpianfragmenten steht von dieser wohl

[1]) Nämlich eines Excurses über die Beendigung der Tutel, der sich an Nr. 2832 angeschlossen haben kann.

[2]) Si pupillus pupillave cum *iusto* tutore *et rel.*

[3]) So dürfte Ulp. XXXIX in einem gelegentlichen Excurs auf die testamentaria tutela zurückgekommen sein; denn ich halte es für gewagt, die Inscription von D. (26. 2) 16 (Nr. 2850), die mit der Reihenfolge der Fragmente in den Digesten stimmt, nach dem Vorschlag Krügers zu ändern.

nur desshalb nichts, weil die Compilatoren hier den Edictcommentar Ulpians so gründlich ausschrieben, dass ihnen aus dem Sabinuscommentar nichts Erhebliches mehr nachzutragen blieb.

De furtis[1]). Der Commentar Ulpians, der in drei Bücher zerfällt, bildet von fr. 19 bis 48 das Knochengerüste des Digestentitels de furtis, und gewiss begegnen uns die Bruchstücke hier genau in der Anordnung des Originalwerks. Gleichwohl bietet die Reconstruction des Systems auch hier Schwierigkeiten, die nicht mit völliger Sicherheit zu lösen sind. Ich vermute, dass den Eingang die Sabinische Definition des Furtums bildete. Hieran schloss sich die durch Beispiele und Excurse[2]) erläuterte Besprechung des Begriffs (Ulp. XL. XLI). Sie reicht bis fr. 45 des Digestentitels. Hier dürfte sodann die Erläuterung der genera furtorum (Ulp. XLI) einzuschieben sein[3]), deren Bruchstücke von den Compilatoren an die Spitze des Titels als fr. 3, 5, 7 gesetzt worden sind. Den Schluss der systematischen Abhandlung bildet (Ulp. XLII.) die Erörterung der Rechtsmittel aus furtum[4]). Dieses

[1]) Ulp. XL—XLII Nr. 2856—2886, Paul. IX Nr. 1787—1802, Pomp. XVIII. XIX Nr. 652—674.

[2]) Auch in Ulp. Nr. 2856 D. (47. 2) 19 pr. — § 4 sehe ich nur einen vielleicht an das Wort res in der Definition anknüpfenden Excurs.

[3]) Sabinus nahm deren vier an: manifestum, nec manifestum, conceptum, oblatum. Gai. 3, 183.

[4]) Hieher gehört wohl auch noch die Erörterung über die Furtivität des partus ancillae furtivae bei Ulp. Nr. 2885 D. (47. 2) 48 § 5. An denkbaren Zusammenhängen fehlt es nicht.

System aber war wohl schon bei Sabinus nicht rein durchgeführt, sondern durch gelegentliche Zwischenerörterungen durchbrochen, und so dürfen wir uns nicht wundern, deren in den Commentaren noch mehr zu finden.

Vom Text des Sabinus ist uns zu diesem Titel mehr als bei allen andern erhalten; da wir aber aus Gell. XI, 18 § 12 wissen, dass Sabinus auch eine Monographie de furtis geschrieben hat, und da es an sich wahrscheinlich ist, dass die Commentatoren diese Monographie stark benutzt haben, so können die von mir in der Palingenesie ausgezeichneten Stellen nicht mit Sicherheit den libri iuris civilis zugeteilt werden. Dagegen citirt Gell. XI, 18 § 20. 21 ausdrücklich als verba Sabini ex libro iuris civilis secundo die beiden folgenden Bruchstücke:

> Qui alienam rem adtrectavit, cum id se invito domino facere iudicare deberet, furti tenetur.
>
> *Item alio capite:* qui alienum iacens lucri faciendi causa sustulit, furti obstringitur, sive scit, cuius sit, sive nescit[1].

De arboribus succisis[2]. Gewiss ein Anhang zum Titel de furtis.

De lege Aquilia[3]. Die relativ grosse Zahl der Paulinischen Fragmente rechtfertigt sicherlich die Annahme, dass die lex Aquilia bei

---

[1]) cf. Ulp. XLI Nr. 2870 D. (47. 2) 43 § 4.

[2]) Ulp. XLII Nr. 2887, Paul. IX Nr. 1803. 1804, Pomp. XIX Nr. 675.

[3]) Ulp. XLII Nr. 2888, Paul. X Nr. 1805—1809.

Sabinus ex professo behandelt war. Die Erörterung als blossen Anhang zum Titel de furtis aufzufassen[1]), scheint durch nichts gerechtfertigt.

De damno infecto[2]). Bei Sabinus war hier ex professo m. E. nicht etwa die prätorische cautio damni infecti, sondern die civile actio damni infecti, von der wir aus Gai. 4, 31 wissen, erörtert[3]); es ist schwerlich ein Zufall, dass hier in Ulpians Commentar wiederholt[4]) von der „actio" damni infecti gesprochen wird, eine Bezeichnung, die im Edictcommentar, da wo die stipulatio damni infecti ex professo commentirt wird, nirgends gebraucht wird.

Sabinus wird bei Ulpian zweimal citirt, D. (39. 2) 37, 40 § 1 (Nr. 2890. 2892).

De iniuriis[5]). Auch unter diesem Titel darf schwerlich an die prätorische actio iniuriarum,

---

[1]) So Leist.

[2]) Ulp. XLII Nr. 2889—2894, Paul. X Nr. 1810—1813, Pomp. XX. XXI Nr. 676—683. Die Zugehörigkeit der Stellen aus Pomp. XX (Nr. 676—679) ist übrigens nicht unzweifelhaft; vgl. meine Palingenesie.

[3]) Damit soll natürlich nicht behauptet sein, dass jene nicht auch in den Bereich der Untersuchung gezogen wurde. Hieher mögen die Citate Sab. Nr. 163—166 gehören.

[4]) s. Nr. 2889. 2890. 2892. 2893. Dass in Nr. 2890 nur die actio ex stipulatu gemeint sein könne, wie Wlassak (Prozessgesetze I S. 242) will, scheint mir nicht erweislich. Wlassak schliesst dies wohl daraus, weil in dieser Stelle nur von damnum praeteritum, nicht futurum die Rede zu sein scheint. Ich glaube aber, die Stelle lässt sich sehr wohl auf die condemnatio pecuniaria deuten, wie sie bei contumacia gegenüber einem arbitrium de restituendo eintrat.

[5]) Ulp. XLII Nr. 2895. 2896, Paul. X Nr. 1814—1816.

muss vielmehr an die civile actio ex lege Cornelia, vielleicht auch an die Zwölftafelbestimmungen gedacht werden, die ja formell nicht ausser Kraft getreten waren. Es ist erwähnenswert, dass in den allerdings wenigen erhaltenen Commentarfragmenten durchaus nur Fragen besprochen sind, die sich bei *jeder* Injurienklage aufwerfen.

De condictione [1]). Unter den in der Note angeführten Commentarbruchstücken handelt ein beträchtlicher Teil ex professo von dem Recht der condictio; andere stehen durch ihren Inhalt dieser Lehre sehr nahe, und, wenn bei den übrigen die Beziehungen entfernter zu sein scheinen [2]), so darf nicht vergessen werden, dass kaum irgend eine Lehre so sehr, wie diese, in die verschiedensten Rechtsgebiete übergreift, so dass die von Sabinus ohne Zweifel zahlreich beigebrachten Spezialfälle [3]) Gelegenheit zu Excursen aller Art geben mussten. Gewiss wäre es gewagt, zu behaupten, alle jene Stellen *müssten* in den Abschnitt de condictione gehören, Sabinus *könne* hier nur von der condictio gehandelt haben. Wohl aber dürfen wir sagen, dass, *wenn* Sabinus hier noch andere Materien wirklich er-

---

1) Ulp. XLIII. XLIV Nr. 2897—2910, Paul. X Nr. 1817—1825, Pomp. XXI. XXII Nr. 684—705.

2) Vermutungen in meiner Palingenesie.

3) Einen solchen Spezialfall enthält D. (23. 3) 34, commentirt in Vat. 269, Stellen, über deren Inscription ich mich in meiner Palingenesie geäussert habe (Ulp. Nr. 2903).

läutert und nicht bloss gestreift haben sollte, jede auch nur einigermassen sichere Vermutung darüber durch den Zustand der Überlieferung ausgeschlossen ist. Und mehr als bloss unwahrscheinlich ist die Hypothese Voigts, der hier zwei Haupttitel „de solutionibus et liberationibus" und „per quas personas nobis obligatio adquiritur" einschiebt Beide Materien sind zwar in den Commentarfragmenten berührt; aber aus der ersten ist nur ein Spezialfall erörtert — Anrechnung der Zahlung bei Mehrheit der Schulden[1] —, die zweite nur in einem allgemeinen Tractat über den Erwerb des bona fide serviens[2] — nur von diesem ist die Rede — nebenher gestreift. Beide Male handelt es sich meiner Überzeugung nach lediglich um einen Excurs. Eine Erörterung in sede materiae würde andere Spuren zurückgelassen haben.

Ad edictum aedilium curulium[3])? Wenn irgend etwas im Sabinussystem zweifellos scheint, so ist es, dass Sabinus an dieser Stelle das edictum aedilium curulium erörtert hat. Gellius 4, 2 § 15 citirt aus dem zweiten Buch iuris civilis die Worte:

Furiosus mutusve cuique quod membrum lacerum laesumque est aut obest, quo ipse minus

[1]) Ulp. Nr. 2908, Paul. Nr. 1823.
[2]) Ulp. Nr. 2906.
[3]) Ulp. XLIV Nr. 2911—2914, Paul. XI Nr. 1828—1834, Pomp. XXIII Nr. 706—710.

aptus sit, morbosi sunt. qui natura longe minus videt, tam sanus est quam qui tardius currit.

Diese selbe Stelle citirt Ulp. XLIV Nr. 2911 D. (21. 1) 9:

Mutum morbosum esse Sabinus ait.

Ein Teil ferner der S. 73 n. 3. angeführten Stellen ist klarer Commentar zum ädilicischen Edict[1]), und was übrig bleibt, geht zwar anscheinend auf ganz fremde Materien — Legat von vestimenta und ornamenta[2]) —, verrät sich aber durch eine einzelne unmöglich zufällige Coincidenz mit einer Stelle des Paulinischen Edictcommentars[3]) als Bestandteil eines Excurses zu einer verloren gegangenen Bestimmung des ädilicischen Edicts, die wahrscheinlich in Beziehung auf Sklaven Aehnliches enthielt wie das bekannte Edict de iumentorum ornamentis in Beziehung auf Tiere.

Also: das ädilicische Edict kam hier zweifellos vor. Dennoch habe ich mit vollem Bedacht der obigen Rubrik ein Fragezeichen beigefügt. Denn ein anderes ist, ob Sabinus das ädilicische Edict hier gelegentlich berührt, ein anderes, ob er es ex professo an dieser Stelle besprochen,

---

[1]) Ulp. Nr. 2911. 2912, Paul. Nr. 1828—1832, Pomp. Nr. 706—708.

[2]) Ulp. Nr. 2913. 2914, Paul. Nr. 1833. 1834, Pomp. Nr. 709. 710.

[3]) Paul. II ad ed. aed. cur. D. (50. 16) 74 (Nr. 842): Signatorius anulus „ornamenti" appellatione non continetur. Ulp. XLIV ad Sab. D. (34. 2) 25 § 10 (Nr. 2914): Ornamenta muliebria sunt..... anuli praeter signatorios Vgl. meine Palingenesie II p. 1177 n. 6.

die Materie als Stück seines Systems behandelt hat. Letztere Annahme ist im höchsten Grad unwahrscheinlich. Wie kommt dies honorarische Institut und einzig gerade nur dieses in das Civilrechtssystem? wie gerade an diese Stelle, zwischen condictio und verborum obligatio, wo es seinem Inhalt nach absolut nichts zu schaffen hat? Man hat vermutet, Sabinus habe vielleicht im Eingang zur Darstellung der verborum obligatio die stipulatio duplae berührt und sei von hier aus auf das ädilicische Edict gekommen. Allein wäre nicht auch dies recht auffallend, dass Sabinus sich ganz im Beginn seiner Lehre von der Stipulation so genau auf diese spezielle Stipulationsart eingelassen haben sollte, dass er untersuchte, ob der Wahnsinnige und der Stumme „morbosi“ seien? Ich denke an einen ganz anderen Zusammenhang. In meinem edictum perpetuum § 272 habe ich gezeigt, dass im Album des Prätors neben der exceptio mercis non traditae die exceptio redhibitionis proponirt war; diese Nachbarschaft aber macht es, wie ich dort ausgeführt habe, sehr wahrscheinlich, dass sie die gleiche Bestimmung hatte wie jene, d. h. als exceptio gegen die Klage eines argentarius gedacht war, vgl. Gai. 4, 126a:

> si argentarius pretium rei, quae in auctionem venerit, persequatur, obicitur ei exceptio, ut ita demum emptor damnetur, si ei res quam emerit tradita est.

Ohne solche spezielle Beziehung würde die Aufnahme der *exceptio* redhibitionis in das Edict des *Prätors*, das von der *actio* redhibitoria nichts enthält, ganz unerklärlich sein. Wie nun, wenn die Geschäfte der argentarii auch hier die Veranlassung gewesen wären, um deren willen Sabinus auf das ädilicische Edict einging? Das ist keine rein aus der Luft gegriffene Vermutung: die Commentare selbst haben mich auf sie geführt. In den gleichen Commentarbüchern nämlich, in denen von dem ädilicischen Edict die Rede ist, finden sich eine Anzahl Stellen, deren Beziehungen bis heute dunkel geblieben sind, Stellen, deren eine den Gedanken an die argentarii unmittelbar wachruft, während die andern in einen solchen Zusammenhang mindestens sehr gut passen würden. Es sind folgende:

Ulp. Nr. 2916 D. (18. 1) 32: Qui tabernas *argentarias* vel ceteras quae in solo publico sunt vendit, non solum, sed ius vendit, cum istae tabernae publicae sunt, quarum usus ad privatos pertinet.

In den gleichen Zusammenhang scheint zu gehören Pomp. Nr. 711 D. (43. 26) 17:

Qui precario fundum possidet, is interdicto uti possidetis adversus omnes praeter eum, quem rogavit, uti potest.

Wir finden ferner bei Ulp. Nr. 2917 D. (48. 13) 1 über die lex Julia peculatus referirt:

Lege Julia peculatus cavetur, ne quis ex pecunia sacra religiosa publicave auferat neve intercipiat neve in rem suam vertat neve faciat, quo quis auferat intercipiat vel in rem suam vertat, nisi cui utique lege licebit: neve quis in aurum argentum aes publicum quid indat neve immisceat neve quo quid indatur immisceatur faciat sciens dolo malo, quo id peius fiat.

Innerhalb einer Darstellung des Privatrechts dürfte schwerlich bei irgend einer andern Gelegenheit die Erwähnung dieser Gesetzesbestimmung eher haben stattfinden können als bei der Erörterung des Geschäftsbetriebs der argentarii. Ebenso steht es mit Paul. Nr. 1835 D. (48. 13) 2:

Lege Julia de residuis tenetur qui publicam pecuniam delegatam in usum aliquem retinuit neque in eum consumpsit.

Den argentarii ist ohne Zweifel öfter pecunia publica in usum aliquem angewiesen worden; ich erinnere hier nur an die bekannte Notstandsmassregel des Tiberius bei Tac. Ann. 6, 17.

Es bleibt nun noch ein längeres Fragment Ulpians — Nr. 2915 D. (34. 2) 27, worin der Jurist vom argentum und aurum legatum handelt; er unterscheidet dabei, je nachdem das Legat argentum und aurum omne, oder bloss das argentum und aurum factum oder infectum oder signatum umfasst. Gewiss hat dies Bruchstück mit den Geschäften der argentarii unmittelbar nichts zu tun: es enthält einen Excurs, aber einen solchen, zu dem schon eine Notiz des Sabinus über den Namen der argentarii, ebenso aber auch eine solche über die Rolle, die Gold und Silber in deren Geschäftsbetrieb spielte, den Anlass gegeben haben kann.

Gibt man nun der Vermutung, dass an dieser Stelle des Systems von den argentarii die Rede war, Raum, so drängt sich die Erklärung dafür, dass wir ihre Geschäfte hier, zwischen condictio und verborum obligatio, besprochen finden, fast von selber auf. In einem Civilrechtssystem *muss* die litterarum obligatio behandelt gewesen sein, aller Wahrscheinlichkeit nach vor oder hinter der verborum obligatio. Eine unmittelbare Spur solcher Besprechung findet sich weder dort noch hier, was ja leicht begreiflich ist. So viel aber leuchtet ein, dass eine eingehendere Erörterung des Litteralcontracts fast mit Notwendigkeit auf die argentarii führen musste, in deren Geschäftskreis der Litteralcontract zwar nicht ausschliesslich vorkam, aber ganz gewiss die dominirende Rolle spielte. So glaube ich also, dass Sabinus bei Erwähnung der transscriptio a re in personam gesagt haben wird, der Klage des Argentarius aus diesem Contract könnten mancherlei Einreden entgegengesetzt werden, namentlich z. B., wenn seine Forderung aus der Versteigerung von Sklaven hervorgegangen sei, die, dass der Sklave „morbosus“ gewesen oder dass die Kleider und Ornamente, die der Sklave zur Zeit des Verkaufes trug, nicht mitgeliefert worden seien. Und hieran wird Sabinus einen kleinen Excurs über den Begriff des morbosus angeknüpft haben, dem die Anführung bei Gellius entnommen ist. Die Commentatoren aber konnten bei dieser Gelegenheit das ganze ädilicische Edict erörtern.

DE VERBORUM OBLIGATIONE[1]). Grössere zusammengehörige Massen lassen sich, wie gewöhnlich, so auch innerhalb dieses Titels nur bei Ulpian unterscheiden[2]). Die Reste von Ulp. XLV sind sehr dürftig. Vermutlich handelte Sabinus im Eingang der Lehre von der Stipulation im Allgemeinen, ihren Formen (auch denen der Adpromission), der Fähigkeit zu ihrer Eingehung u. ähnl. Das gab Gelegenheit zu mancherlei Excursen, in die die Fragmente von Ulp. XLV einzuordnen sein werden. Ulp. XLVI erörtert, soweit ersichtlich, ausschliesslich die Novation. Ulp. XLVII enthält die Lehre von der Adpromission. Drei das Vadimonium betreffende Bruchstücke (Nr. 2933. 2934) können als Excurs zu dieser Lehre gehören; Sabinus wird gelegentlich der Bürgschaft das vadimonium als einen Fall der satisdatio erwähnt haben[3]). Unter Ulp. XLVIII setze ich die drei Rubriken: de inutilibus stipulationibus (?) — diese zweifelnd, da Niemand mit Bestimmtheit behaupten kann, dass das, was ich hier zusammengestellt habe, auch bei Ulpian zu-

---

[1]) Ulp. XLV—L Nr. 2918—2982, Paul. XI. XII Nr. 1836—1853, Pomp. XXIV—XXVII (XXVIII?) Nr. 712—738.

[2]) Im Einzelnen vgl. meine Palingenesie.

[3]) Vgl. auch Pomp. Nr. 722 D. (45. 1) 5 § 1. 2.

sammengehörte —, de stipulationibus servorum, de acceptilatione, die letzte sicher ein Excurs, da die Acceptilation ex professo erst in Buch L behandelt ist. Bei Ulp. XLIX werden einige praktisch besonders wichtige Stipulationen erörtert: die stipulationes emptae et venditae hereditatis, die Stipulation „habere licere spondes?“ u. ähnl. Ulp. L endlich gibt die Lehre von der Acceptilation. Diese Materien nun waren wohl ohne Zweifel alle auch bei Sabinus selbst besprochen; neben ihnen gewiss aber auch manches andere. Sowohl bei Ulpian selbst wie bei den anderen Commentatoren finden sich Fragmente, die in unsere Lehre gehören, sich aber unter obige Rubriken nicht einordnen lassen, vgl. bei Ulp. die Nr. 2959. 2960. 2968—2978, bei Paulus z. B. die Abhandlung über die teilbare und unteilbare Stipulation in Nr. 1841[1]), bei Pomponius die Einteilung der Stipulationen in iudiciales, praetoriae, conventionales, communes in Nr. 722. Zufällig finden sich gerade in den angeführten Extravaganten Ulpians zwei Citate aus Sabinus, das eine wörtliche im Eingang von Nr. 2960 D. (23. 3) 36[2]):

> Debitor mulieris iussu eius pecuniam viro expromisit, deinde vir acceptam eam iussu mulieris fecit. res mulieri perit.

[1]) Vgl. auch Pomp. Nr. 725.

[2]) Ausser dieser Stelle kann nur noch der Satz „eadem lingua an alia respondeatur, nihil interest“ in D. (45. 1) 1 § 6 Ulp. Nr. 2949) mit Sicherheit dem Sabinus zugeschrieben werden.

Das andere — in Nr. 2974 D. (45. 1) 41 pr. — nicht wörtliche betrifft die Frage, wie die Stipulation „Kalendis Januariis“ zu verstehen sei. Beide Citate beweisen, dass Sabinus in dieser Lehre sehr in das Detail eingegangen ist, und es lässt sich bezweifeln, ob er überhaupt alle diese Specialfragen in einer auf allgemeinen Gesichtspunkten beruhenden systematischen Ordnung vorgeführt hat.

De iudiciis? de interdictis? de in rem actione?[1]) Die in der Note angeführten Stellen füllen in jedem der Commentare ein ganzes Buch aus. Möglich, dass bei Pomponius die Materie auch schon in lib. XXVIII, aus dem nichts erhalten ist, behandelt war und dass Ulpian, dessen Commentar mit lib. LI abbricht, in diesem Buch nur erst einen Teil des von den anderen Commentatoren erörterten Stoffes bearbeitet hat.

Es ist kein Zweifel, dass wir hier an einem Markstein des Sabinussystems stehen. Die angeführten Fragmente haben nichts mehr mit der Stipulation, überhaupt nichts mehr mit den Obligationen zu tun. In der Auffassung des Inhalts des Titels aber gehen die Gelehrten weit auseinander. Voigt, der bei Sabinus die fictive dritte pars der Aelianischen tripertita — de legis actionibus — wiederfinden will, baut auf unsere Fragmente einen besonderen Hauptteil

[1]) Ulp. LI Nr. 2983—2991, Paul. XIII Nr. 1854—1863, Pomp. XXIX Nr. 739—748.

des Systems — pars III de actionibus, zerfallend in die drei Titel de iudiciis, de interdictis, de iurisdictione. Diese Annahme ist aus zwei Gründen höchst unwahrscheinlich. Einmal: auf diese pars III folgt eine pars IV de iuribus in re, und diese pars IV ist keine Fiction, sondern streng aus den Commentaren erweislich; man mag nun von dem Systembedürfniss der Römer noch so gering denken, diese Einschiebung des Prozesses zwischen Obligationen und Sachenrecht übersteigt das zulässige Mass des Widersinns. Sodann: nehmen wir selbst an, dass Pomponius der angeblichen pars III *zwei* Bücher gewidmet habe, was nicht erweislich ist, so würden die hieher gehörigen Erörterungen bei Sabinus doch, nach dem Durchschnitt gerechnet, nicht mehr als etwa den 6. Teil eines Buches ausgefüllt haben; ist es denkbar, dass Sabinus auf so engem Raum jene schwerwiegenden Materien ex professo erörtert habe? So wird denn auch die Voigt'sche Hypothese fast von Niemand[1]) geteilt. Leist (S. 50 fg.) findet in unseren Fragmenten vielmehr eine Erörterung der auf restituere gerichteten Rechtsverhältnisse — „in Folge von Eigentum, bonae fidei possessio, vis, precarium" — und bemerkt ausdrücklich, dass seines Erachtens hier nicht die Absicht war, die *ganze* Interdictenlehre darzustellen, „was lediglich in einen Edictscommentar passen konnte". Ihm folgen Karlowa (S. 682)

[1]) Vgl. jedoch Ferrini, storia delle fonti (1885) p. 65.

und Krüger[1]), welch letzterer aber neuerdings[2]) bei Aufzählung der Materien des Sabinussystems an dieser Stelle neben den interdicta de vi, quod vi aut clam, de precario und den Folgen von Dolus und Culpa des Besitzers bei dinglichen Klagen (einem Gegenstand, der sich dem Leistschen Gedanken unterordnen würde) auch noch die Jurisdictio nennt. M. E. greift auch Leist, zwar nicht, was die Commentare, wohl aber, was das Sabinuswerk selbst angeht, noch viel zu weit. Eine Abhandlung über die auf restituere gerichteten Rechtsverhältnisse im Allgemeinen war in einem Civilrechtssystem nicht am Platz; die restitutorischen Interdicte gehörten in ein solches System ebenso wenig wie die Interdicte überhaupt. Sie mögen von Sabinus gestreift und so die Excurse der Commentare veranlasst worden sein — vielleicht auch nicht einmal das —, ex professo erörtert wurden sie von Sabinus sicherlich nicht. Was Sabinus an dieser Stelle wirklich besprochen hat, darüber sind nach Lage der Dinge nur Vermutungen möglich. Erwägt man aber, dass die im Sabinussystem folgenden Materien ausschliesslich sachen- und zwar zunächst eigentumsrechtlichen Inhalts sind, dass andererseits von den uns hier beschäftigenden Commentarfragmenten eine ganze Reihe klaren Bezug auf die rei vindicatio haben, die meisten

[1]) Krit. Versuche S. 153.
[2]) Gesch. der Quellen S. 131.

anderen ohne allen Zwang an diese angeknüpft werden können, so erscheint die Annahme berechtigt, Sabinus habe sich hier, im Eingang der Eigentumslehre, ex professo lediglich mit der Eigentumsklage beschäftigt, alles Andere sei nur Excurs der Commentatoren. Unmittelbar auf die rei vindicatio müssen oder können bezogen werden bei Ulpian die Nr. 2986—2988[1]), bei Paulus die Nr. 1857. 1858, bei Pomponius die Nr. 739—742. Alles ferner, was Paul. in Nr. 1860—1863, Pomp. in Nr. 743—748 über die interdicta de vi, quod vi aut clam, de precario sagen, liess sich aufs leichteste anknüpfen, wenn Sabinus gelegentlich des arbitrium de restituendo eine Bemerkung über die formula arbitraria der restitutorischen Interdicte fallen liess. Es darf in diesem Zusammenhang auf den allerdings interpolirten Schluss von Ulp. Nr. 2987 D. (6. 1) 68 aufmerksam gemacht werden: haec sententia generalis est et ad omnia sive interdicta sive actiones in rem sive in personam sunt, ex quibus arbitratu iudicis quid restituitur, locum habet. Kann nicht auch Sabinus sehr wohl etwas, was er über den iussus, das iusiurandum in litem oder dgl. sagte, durch eine derartige (natürlich anders stilisirte) Bemerkung verallgemeinert haben? Weiter kann Paulus

¹) Dass Nr. 2987 — die berühmte Stelle D. (6. 1) 68 — statt LI ad edict. zu inscribiren ist: LI ad Sabinum, halte ich für unzweifelhaft. Die Stelle gehört mit den drei folgenden, die aus den correspondirenden Büchern Paul. XIII und Pomp. XXIX stammen, zusammen.

Nr. 1859 als Excurs zur Erläuterung des „quanti ea res est“ der formula petitoria angesehen werden, vgl. Ulp. Nr. 2986, und Ulp. Nr. 2991, einen Fall der Eviction betreffend, fügt sich ohne Schwierigkeit in eine Erörterung der Vindication ein; die enge Beziehung zwischen beiden Lehren liegt ja auf der Hand[1]). Nunmehr bleiben noch eine Anzahl kurzer Fragmente übrig, die in das Gebiet der iurisdictio im Allg. einschlagen; sie betreffen das Amt des Magistrats und des Judex, den Gerichtsort, die Gerichtszeit, Ulp. Nr. 2983 bis 2985. 2989. 2980, Paul. Nr. 1854—1856. Aber sind dies nicht alles Dinge, deren Erörterung in den Commentaren sich von selbst erklärt, wenn bei Sabinus, sei es auch noch so kurz, von legis actio sacramento und formula petitoria, der Ernennung des iudex und der comperendinatio die Rede war? Selbstverständlich: all dies reicht nicht aus, um für unsere Vermutung absolute Gewissheit zu schaffen; um so mehr spricht für sie ihre innere Wahrscheinlichkeit.

De adquirendo rerum dominio[2]). Von diesem Titel ab entbehren wir unserer bisherigen Hauptstütze für die Reconstruction, des Commen-

---

[1]) So sagt z. B. Paulus im Edictscommentar, bei der rei vindicatio sei etiam mortuo homine Urteil zu erlassen „propter stipulationem de evictione“. D. (6. 1) 16 pr. Eine derartige Bemerkung hätte genügt, um einen Excurs zu veranlassen, in dem Ulp. Nr. 2991 hätte Platz finden können.

[2]) Paul. XIV Nr. 1864—1868. Pomp. XXX Nr. 749—753 (XXXI Nr. 754—756?).

tars Ulpians, und die Reconstruction ist daher von hier ab auch nur in den gröbsten Umrissen möglich. Warum Ulpian hier abbricht, ist im Dunkeln. Sicher am wahrscheinlichsten ist aber gewiss die Annahme Leists (S. 49 fg.), dass nicht etwa Sabins Werk selbst hier aufgehört, die folgenden Bücher des Paulus und Pomponius sich also gar nicht mehr an dieses angeschlossen hätten, sondern dass Ulpian aus uns unbekannten Gründen sein Werk hier abgeschlossen habe, vielleicht an der Vollendung durch zufällige Umstände gehindert worden sei. Dafür spricht einmal, dass die Erörterung der im Folgenden noch behandelten Gegenstände zur Vollständigkeit des Civilrechtssystems unentbehrlich war, sodann, dass die Correspondenz zwischen den Commentaren des Paulus und Pomponius auch in den noch ausstehenden Büchern unzweideutig hervortritt [1]).

Die S. 85 n. 2 angeführten Fragmente ergeben Bezüge auf iniurecessio, Tradition, Spezification, Accession, Vermischung, die ich in meiner Palingenesie, soweit nötig, hervorgehoben habe. Dass bei zwei kleinen Fragmenten des Pomponius — Nr. 752. 753 — die Anknüpfung nicht zu ermitteln ist, kann bei der Dürftigkeit der Ueberlieferung nicht Wunder nehmen.

Pomp. XXXI, wovon nur drei Fragmente erhalten sind, habe ich in der Palingenesie, aller-

[1]) s. Leist, S. 50.

dings zweifelnd, „de rei vindicatione?" überschrieben; jetzt, wo ich dieser Materie eine frühere Stelle zuweisen zu müssen glaube, möchte ich eher glauben, dass diese drei Fragmente noch in die Lehre vom Eigentumserwerb gehören. Nr. 754 D. (6. 1) 53 würde ganz wohl in die Lehre vom Erwerb durch satio passen, Nr. 755 D. (44. 2) 21 in die vom Fruchterwerb[1]), Nr. 756 D. (46. 3) 25 vielleicht in die von der iniurecessio[2]).

De [possessione et] usucapione[3]). Der Besitz war hier von Sabinus ohne Zweifel nur desshalb und insoweit behandelt, als er eine Voraussetzung der Usucapion bildet. Auch die Commentare, soweit erhalten, stimmen durchaus zu dieser Annahme. Nach Pomp. Nr. 770–772 scheint hier auch die Verjährung der Servituten behandelt worden zu sein, dann wäre Paul. Nr. 1886 noch unter diesen Titel zu rücken.

De donationibus[4]). Die Schenkung steht hier an der gleichen Stelle, wie in Justinians Institutionen, und verdankt diese Stelle sicherlich auch der gleichen, freilich nicht scharfen Auf-

---

[1]) Die Stelle handelt von der Tragweite des Urteils; sie konnte sich anschliessen an Bemerkungen, wie die bei Ulp. D. (44. 2) 7 § 1. 3.

[2]) Nämlich von der iniurecessio hereditatis. Die Stelle behandelt den Fall, wenn ein Teilerbe eine Erbschaftsschuld ganz bezahlt hat und ihm nachher der Rest der Erbschaft anwächst. So mochte sich auch fragen, welche Bedeutung eine iniurecessio totius hereditatis durch einen Teilerben habe, wenn diesem nachher der Rest anwachse.

[3]) Paul. XV Nr. 1869–1874, Pomp. XXXII Nr. 757–773.

[4]) Paul. XV Nr. 1875. 1876, Pomp. XXXIII Nr. 774.

fassung als Eigentumserwerbsgrund, die sich im pr. I. (2. 7) mit den Worten ausspricht:

Est etiam aliud genus adquisitionis donatio.

De servitutibus[1]). Hier ist nur von den Realservituten die Rede: die Personalservituten waren durch die Erörterung bei den Legaten erledigt. Paul. Nr. 1880 D. (8. 2) 26 enthält im Eingang ein Citat aus Sabinus, wie sich aus der Vergleichung mit Papin. Nr. 140 D. (10. 3) 28 ergibt. Ebenso zeigen bei Paul. Nr. 1881 D. (8. 2) 28 die Worte „hoc ita verum est", dass der Eingang dem Sabinus angehört, und Nr. 1883 D. (8. 3) 21 erinnert an das Citat aus Sabinus bei Cels. Nr. 31 D. (8. 1) 9. Dessgleichen nimmt Pomp. Nr. 782 D. (8. 2) 25 pr. mit den Worten „hoc quod dictum est de immissis" aller Wahrscheinlichkeit nach auf die Vorlage Bezug, vgl. Nr. 781.

De aqua et aqua pluvia arcenda[2]). Die Wasserservituten[3]) waren im Sabinussystem anscheinend ganz wie im Edictsystem[4]) von den übrigen Servituten getrennt und zur aqua pluvia gezogen. Dass die Commentatoren sie gelegentlich auch im Tractat de servitutibus erwähnen[5]), beweist natürlich nicht das Gegenteil.

---

[1]) Paul. XV Nr. 1877—1885 (1886? s. oben im Text S. 87), Pomp. Nr. 775—790.

[2]) Paul. XVI Nr. 1887—1890, Pomp. XXXIV Nr. 791—795.

[3]) Pomp. Nr. 791—794.

[4]) s. mein Ed. perp. § 176.

[5]) Paul. XVI Nr. 1877 § 2, 1881, 1883 (über Nr. 1886 s. oben S. 87), Pomp. Nr. 786—789.

*De fluminibus publicis*[1]). Wohl ein Anhang zum Titel de aqua.

De fiducia[2]). In den Digesten handeln alle hier angeführten Stellen vom pignus. Dass hier in Wahrheit von der fiducia die Rede war, die auch allein in ein Civilrechtssystem passt, geht aus Pomp. Nr. 799 D. (13. 7) 8 § 3 hervor, wo die Compilatoren aus Versehen das Wort „eam“ (scil. fiduciam), das sie in „id“ hätten verwandeln müssen, stehen liessen.

De postliminio[3]).

---

Nachdem wir im Bisherigen versucht haben, den Gang des Sabinussystems, soweit möglich, im Einzelnen festzustellen, wird es, ehe wir einen Ueberblick über das Ganze nehmen, zweckmässig sein, das Ergebniss übersichtlich zusammenzustellen. Da ich mich über den hypothetischen Charakter einzelner Rubriken im Obigen bereits ausgesprochen habe, so wird eine besondere Kennzeichnung derselben in der folgenden Tabelle unterbleiben können. Ebenso wenig wird es notwendig sein, die zahlreich vorhandenen Lücken unserer Kenntniss besonders anzudeuten. Solche bestehen übrigens m. E. wesentlich nur hinsichtlich der Anordnung

---

1) Paul. XVI Nr. 1891. 1892, Pomp. XXXIV Nr. 796.

2) Pomp. XXXV Nr. 797—801. Über Nr. 802 vgl. Örtmann, die fiducia (1890) S. 34.

3) Paul. XVI Nr. 1893, Pomp. XXXVI (XXXV?) Nr. 803.

innerhalb der einzelnen Lehren, während die Haupttitel, die ich mit lateinischen Ziffern bezeichnet habe, uns wohl so vollzählig vorliegen dürften, dass sie einen sicheren Einblick in das System ermöglichen.

I. *De testamentis.*

1. Qui testamenta facere possunt.
2. Quemadmodum testamenta fiant.
3. De postumis instituendis vel exheredandis.
4. De servorum institutione.
5. De institutione condicionali.
6. De herede instituendo.
7. De substitutionibus.
8. De adquirenda vel omittenda hereditate.
9. De rupto vel irrito facto testamento.
10. Si intestato moritur.
    a) De hereditate ingenui.
        α. De suis heredibus.
        β. De consanguineis.
        γ. De adgnatis.
    b) De hereditate liberti.

II. *De legatis.*

1. Legata quemadmodum relinquantur. De generibus legatorum.
2. Ad legem Falcidiam.
3. De usu fructu et usu legato.
    a) Quando usus fructus legati dies cedat.
    b) Quibus modis usus fructus legatus amittitur.
    c) Quid usu fructu legato contineatur.
    d) De usu fructu adcrescendo.

e) Additamenta de iure usufructuarii.
f) De usu legato.
g) De cautione usufructuaria et iure proprietarii.
h) De usu fructu earum rerum, quae usu consumuntur.
i) De actionibus, quae usu fructu legato competunt.

4. De dote relegata.
5. De optione vel electione legata.
6. De auro et argento legato.
7. De instrumento legato.
8. Si uxoris causa parata legentur.
9. De lana lino purpura vestimentis legatis.
10. De penu legata.
11. De legatis in diem incertam relictis.
12. De vino legato.
13. De liberatione legata.
14. De libris chartis bibliotheca legatis.
15. De poenae causa relictis.
16. De regula Catoniana.
17. Legata quemadmodum solvantur.
18. De adimendis vel transferendis legatis.
19. De repetitione legatorum.
20. Si res legata heredis culpa perierit.
21. De ligno legato.
22. De peculio legato.
23. De libertate relicta.

III. *De his qui sui vel alieni iuris sunt.*
IV. *De statuliberis.*

V. *De operis libertorum.*

VI. *De (mancipatione et) emptione et venditione.*

VII. *De societate et communione.*

VIII. *De iure dotium.*

1. De dotium generibus.
2. De dotis fructu.
3. De dotis causa.
4. De donationibus inter virum et uxorem.
5. De dote constituenda.
6. Soluto matrimonio quemadmodum dos reddatur.

IX. *De tutelis.*

1. De iurisdictione tutelari.
2. De testamentaria tutela.
3. De legitima adgnatorum tutela. De tutore praetorio.
4. De legitima patroni tutela.
5. De tutela cessicia.
6. De tutore Atiliano et Titiano.
7. De auctoritate tutorum.
8. De rationibus distrahendis et tutelae actione.

X. *De furtis.*

1. Quid sit furtum.
2. De furtorum generibus.
3. De furti actionibus.
4. De arboribus succisis.

XI. *De lege Aquilia.*

XII. *De damno infecto.*

XIII. *De iniuriis.*

XIV. *De condictione.*

XV. *De litterarum obligatione.*

XVI. *De verborum obligatione.*

1. De stipulatione.
2. De novatione.
3. De adpromissoribus.
4. De inutilibus stipulationibus.
5. De emptae et venditae hereditatis aliisque, quae in usu communi sunt, stipulationibus.
6. De acceptilatione.

XVII. *De in rem actione.*

XVIII. *De adquirendo rerum dominio.*

XIX. *De usucapione.*

XX. *De donationibus.*

XXI. *De servitutibus.*

XXII. *De aqua et aqua pluvia arcenda. De fluminibus publicis.*

XXIII. *De fiducia.*

XXIV. *De postliminio.*

---

Das System, das sich aus der obigen Tabelle ergibt, gliedert sich m. E. von selbst in vier grosse Massen: Erbrecht (tit. I. II), Personenrecht (tit. III–V), Obligationenrecht (tit. VI–XVI), Sachenrecht (tit. XVII–XXIV)[1]. Das Erbrecht,

[1]) Auch Leist S. 55 unterscheidet vier Hauptteile — Erbrecht, Familienrecht, Obligationenrecht, Sachenrecht, aber mit ganz anderer Abgrenzung. Das Erbrecht geht nach ihm bis tit. VII einschliesslich. Diese Aufstellung wird nur durch die ganz willkürliche Annahme möglich, dass Sabinus selbst von Kauf und Societät gar nicht gehandelt habe.

das schon bei Q. Mucius an der Spitze steht, verdankt diese Stellung vermutlich der Wichtigkeit seines Gegenstandes, derselben Rücksicht, um deren willen auch im Edictsystem die Universalklagen den Spezialklagen vorausgehen[1]). Die Reihenfolge der übrigen Hauptteile, die auch in den römischen Civilrechtssystemen wie in unsern Lehrbüchern offenbar dem Wandel unterlag, dürfte schwerlich durch einen systematischen Gesichtspunkt bestimmt worden sein.

Innerhalb des Erbrechts ist die Anordnung klar und durchsichtig und, wie mir scheint, auch ganz verständig. Die Universalsuccession macht den Anfang. Auf die Lehre von den formellen Giltigkeitsvoraussetzungen des Testaments (I, 1—3) folgt die von der heredis institutio in ihrer materiellen Bedeutung (I, 4—6) und der Substitution (I, 7), sodann die vom Erbschaftserwerb (I, 8) und von der nachfolgenden Ungiltigkeit des Testaments (I, 9). Das Intestaterbrecht bildet, wie schon Leist und Voigt annehmen, einen Anhang des testamentarischen Erbrechts[2]). Es erklärt sich dies ohne Zweifel aus der überragenden Bedeutung, die in Rom dem testamentarischen Erbrecht gegenüber dem Intestaterbrecht tatsächlich zukam. Im Abschnitt von den Legaten enthielten die zwei ersten Rubriken

---

[1]) s. mein Ed. perp. S. 29 fg.

[2]) Anders anscheinend im System des Q. Mucius, s. oben S. 12.

allgemeine Lehren; alles Übrige aber war, wie ich schon oben ausgeführt habe, bei Sabinus m. E. Erörterung einzelner Spezialfälle, die in der Praxis eine Rolle spielten und teils durch die Eigentümlichkeit ihres Gegenstands teils durch andere Besonderheiten zur besondern Behandlung aufforderten. Systematik in der Anordnung im Einzelnen würde man hier vergebens auch wohl dann suchen, wenn wir im Stande wären, die zahlreich vorhandenen Lücken auszufüllen.

Der vom Personenrecht handelnde Teil des Systems ist wegen der Lückenhaftigkeit der Überlieferung am meisten dem Zweifel unterworfen. Ist unsere früher ausgesprochene Vermutung richtig, dass vor dem Titel de statuliberis (IV) ein solcher de libertis einzuschieben sei, so bedarf die Anordnung einer Erläuterung nicht. Der Titel de operis libertorum (V) bildet einen Anhang.

Was die von mir als „Obligationenrecht" zusammengefassten Titel anlangt, so wird zunächst diese Aufstellung selbst zu rechtfertigen sein. Karlowa[1]), der das Personenrecht, wie mir scheint, mit Unrecht aus dem System eliminirt

---

[1]) S. 688. Der gleiche Standpunkt wird schon von Leist, S. 54 vertreten, nur dass dieser die ganze Darstellung des Kaufs und der andern bonae-fidei-Obligationen gar nicht dem Sabinus, sondern den Commentatoren zuschreibt. Dass diese Meinung falsch ist, beweisen schon die in der Lehre vom Kauf und der Societät erhaltenen echten Sabinusfragmente.

und den Abschnitt von den Legaten (nebst Anhängen) erst mit den Titeln de statuliberis und de operis libertorum schliessen lässt, meint, Sabinus sei von der Singularsuccession mortis causa zur Darstellung derjenigen inter vivos übergegangen uud habe hier zunächst von Mancipation, Injurecession, Tradition gehandelt, woran sich „die Erörterung der leges traditionum, venditionum, sowie der den Singularerwerb vorbereitenden bonae-fidei-Obligationen“ angeschlossen habe; das habe dann möglicher Weise zu einer Darstellung sämmtlicher, auch der nicht unter jenen Gesichtspunkt fallenden bonae-fidei-Obligationen geführt. Darauf seien die „familienrechtlichen Lehren von (manus) Ehe, Dos und Tutel“ gefolgt, sodann „wahrscheinlich vermittelt durch die Entwendungen unter Ehegatten und die Unterschlagungen der Vormünder“ die civilrechtlichen Delicte. Mir scheinen diese Annahmen der innern Wahrscheinlichkeit wie der äussern Beglaubigung zu entbehren. Der innern Wahrscheinlichkeit, weil wir so nur zu einer ganz äusserlichen, ich möchte sagen, zufälligen Aneinanderreihung der Glieder des Systems gelangen. Gelegentlich *einer* Art bonae-fidei-Obligationen wären dem Sabinus die andern eingefallen, gelegentlich der actiones rerum amotarum und rationibus distrahendis die übrigen Delicte. Ich will nicht sagen, dass derartiges unmöglich ist, aber wahrscheinlich ist es gewiss nicht. Aber auch die äussere Beglaubigung fehlt: Karlowa muss, um seine Hypothese auch nur denkbar zu machen, eine ganze Reihe von Materien in das System einschieben, deren Erörterung an dieser Stelle aus den Commentaren nicht zu belegen ist, z. B. Injurecession, Tradition, die Lehre von der Ehe. Mir scheint es weit näher zu liegen, in Beschränkung auf die sichere Überlieferung die tit. VI—XVI unserer Tabelle als „Obligationenrecht" unter folgendem Gesichtspunkt zu ordnen:

1. Obligationes bonae fidei.
   a) Kauf.
   b) Societät und Communion.
   c) Dos.
   d) Tutel.
2. Obligationes stricti iuris.
   a) aus Delict.
   b) aus Contract (i. w. S.).
      α) condictio.
      β) Litteralobligation.
      γ) Verbalobligation.

Diese Hypothese ruft nun freilich mancherlei Bedenken und Zweifel wach. Zunächst: die Lehre vom Kauf beginnt bei Ulpian und Paulus und, wenn man annimmt, der Abschnitt von den leges mancipi sei nur die Einleitung dazu, auch bei Pomponius inmitten eines Buchs. Nun meint Leist (S. 53), wenn es auch nicht wunderbar sei, dass in einem kleinen Werk, wie Justinians Institutionen, ein Hauptabschnitt, der von den Actionen, mitten im 4. Buch beginne, so scheine es doch bei so grossen Werken, wie die Sabinuscommentare, in denen die äussere Oekonomie viel weniger schwierig sei, ihm nicht denkbar, dass die römischen Juristen den Anfang einer neuen Hauptlehre so ungeschickt in die Mitte eines Buchs sollten versteckt haben. Ich halte dies Argument für wenig bedeutsam. Es ist dabei der besondere Charakter der Sabinuscommentare verkannt. Diese sind von ihren Verfassern nicht als systematische Werke gedacht; sie sind eine Zusammenstellung von Erläuterungen, freien Erörterungen und Excursen, die nur in den Rahmen des Sabinussystems eingewebt sind; kurze Nebenbemerkungen des Sabinus haben mehr als einmal den Anhalt gegeben, um die entlegensten Materien in die Darstellung hereinzuziehen. Bei Werken so lockeren Zusammenhangs liegt auf der Büchereinteilung begreiflicher Weise kein grosses Gewicht. Ist man mit einer Materie zu Rande gekommen, während auf der Papyrusrolle noch beträchtlicher Platz ist, so geht man weiter, ohne sich viel darum zu kümmern, ob das nunmehr Darzustellende auch innern Bezug zu dem Vorhergehenden hat. In der Tat: was kann einem Schriftsteller auf die äussere Kennzeichnung der systematischen Hauptabschnitte ankommen, der keinen Anstand nimmt, gelegentlich des Kaufes von der Zuständigkeit der actio furti, gelegentlich des ädilicischen Edicts von den Legaten von Kleidern und Ornamenten zu handeln? Wir können aber auch an andern Stellen deutlich constatiren, dass die Commentatoren der Frage der Büchereinteilung ziemlich gleichgiltig gegenüberstanden. So beginnt z. B. bei Ulpian der Titel de tutelis mitten in lib. XXXVI, um dann mitten in lib. XL zu schliessen; ebenso beginnt der Titel de furtis mitten in lib. XL und schliesst mitten in lib. XLII. Beispiele dieser Art finden sich in den Edictcommentaren nicht. Schon das ist hier selten, dass eine Materie inmitten eines Buchs beginnt und dann im folgenden weitergeführt wird[1]; ganz beispiellos aber ist es, dass eine solche Materie auch wieder inmitten eines Buches endigt: den Materien, die dem Umfang eines oder mehrerer ganzer Bücher entsprachen, haben die Edictscommentatoren eben auch stets ganze Bücher gewidmet; nur da, wo eine Materie für ein Buch zu umfangreich, für mehrere aber nicht ausreichend war, haben sie sich dazu verstanden, sei es ihren Anfang, sei es ihr Ende, niemals aber beide in die Mitte eines Buchs zu verlegen.

Schwerer zu beseitigen scheint mir ein zweites Bedenken, das freilich auch für alle

---

[1] z. B. der Titel de iniuriis bei Ulp. LVI. LVII ad edictum. Den Titel de receptis (Ulp. XIII. XIV. ad edict.) mit seinem so höchst verschiedenartigen Inhalt betrachte ich nicht als *eine* Materie.

sonstigen Reconstructionen des Sabinussystems gilt: warum sind unter den freien Vertragsobligationen nur Kauf und Societät nebst Communion erörtert und nicht auch die übrigen bonae-fidei-Obligationen? Die Tatsache selbst halte ich für kaum zweifelhaft. Die paar dürftigen Bemerkungen, die wir in den Commentaren über das Commodat finden und die sich ganz zwanglos als Zwischenerörterung innerhalb der Materie des Kaufs verstehen lassen[1]), reichen nicht aus, um dem Sabinussystem das ganze umfangreiche Gebiet der auf bona fides beruhenden Vertragsobligationen zuzuweisen. Von diesen noch zu Justinians Zeit ganz praktischen Materien hätten andere und sichere Spuren übrig bleiben müssen; einem Gebiet von dieser Bedeutung würden die Commentare sicher eine ganze Anzahl Bücher gewidmet haben[2]). Die Erklärung dafür, dass Sabinus sich auf Kauf und Societät beschränkt, wird wahrscheinlich darin zu suchen sein, dass er — vielleicht ausgesprochener Massen — ausschliesslich diejenigen b. f. Obligationen vorführen wollte, für die es eine Anknüpfung im alten ius civile gab. Diese Anknüpfung bot für den Kauf die Mancipation, — und dazu würde stimmen, wenn diese, was

[1]) s. oben S. 59 n. 3.

[2]) Kein Gewicht lege ich darauf, dass in Iavolens Auszug aus den libri posteriores Labeos, der im Ganzen dem Sabinussystem zu folgen scheint, neben dem Kauf auch die Miete figurirt (s. meine Palingenesie Iavol. Nr. 211 sqq.). Vgl. oben S. 18.

freilich nicht unzweifelhaft ist (s. oben S. 57), als Einleitung zur Lehre vom Kauf besprochen wäre, — für die Societät die Communionsverhältnisse [1]), während für Miete, Mandat u. s. w. derartige Anknüpfungspunkte fehlten.

Weiterhin könnte man Zweifel darüber äussern, ob Dos und Tutel einen Bestandteil des Obligationenrechts bilden können. Gewiss wird diese Stellung dem Wesen der beiden Institute nicht vollkommen gerecht. Erwägt man aber, dass der Begriff des Familienrechts in unserm Sinne bei den Römern nicht nachweisbar ist, dass ferner, trotzdem die Modernen das Familienrecht als selbständigen Rechtsteil anerkennen, dennoch in angesehenen Lehrbüchern die Tutel im Obligationenrecht erscheint, so werden wir es nicht auffallend finden, dass auch Sabinus die obligatorische Verantwortlichkeit des Ehemanns und Vormunds für die Stellung der Dos und Tutel im System massgebend sein liess. Was übrigens insbesondere die Tutel anlangt, so lässt sich zweifeln, ob sie einfach unter die Rubrik de bonae fidei obligationibus zu stellen ist und nicht vielmehr ihren Platz zwischen Dos und Furtum dem Umstand verdankt, dass sie mit Rücksicht auf die actio tutelae ins Gebiet der b. f. Obligationen, mit Rücksicht auf die rationibus distrahendis in das der Delictsobligationen gehört.

---

[1]) Vgl. schon Voigt S. 332.

Dass die Römer eine engere Beziehung zwischen der obligatio tutelae und der aus furtum annahmen, erweist kaum widersprechlich die Stellung des furtum im Edictsystem, die sich schwerlich anders als durch Attraction von Seiten der Tutel erklären lässt[1]).

Auffallend in diesem Teil des Systems ist noch die Stellung der condictio vor Litteral- und Verbalcontract. Die Erklärung dafür liegt vielleicht in Folgendem. Die Anerkennung von Litteral- und Verbalcontract in Rom beruht nicht auf Gesetz; wohl aber hat die condictio, die Klage, die auch dem Anspruch aus Litteralcontract und stipulatio certi diente, gesetzliche Basis. Dies wird den Sabinus veranlasst haben, von ihr auszugehen und sogleich ihre Anwendungssphäre nach allen Richtungen zu erörtern, jenen Contrakten aber, deren praktische Wichtigkeit und deren vielseitige Functionen es nicht zuliessen, sie nur so nebenhin unter dem Titel „de condictione" zu besprechen, eine ausführliche Sondererörterung vorzubehalten.

Habe ich recht gesehen, indem ich die in rem actio an die Spitze des Sachenrechts stellte, so mag auch bei Aufnahme dieses Titels für Sabinus zunächst bestimmend gewesen sein, dass ein Gesetz, die zwölf Tafeln, eine Regelung dieser Klage enthielt; ich denke dabei nicht bloss an

---

[1]) s. mein Ed. perp. S. 28.

die Ordnung der legis actio in rem, sondern namentlich auch an den bekannten Satz über die fructuum duplio, der in der klassischen Zeit noch praktische Bedeutung besass[1]. Diesen Titel aber den andern sachenrechtlichen voranzustellen, konnte gerechtfertigt um desswillen erscheinen, weil hier mancherlei zu besprechen oder zu streifen war, was nicht bloss für das Eigentum, sondern auch für die Servituten galt.

Im Übrigen ist die Anordnung des Sachenrechts bis auf die zwei letzten Titel „de fiducia" und „de postliminio" vollkommen klar. Die Beziehungen auch dieser beiden Titel zum Sachenrecht liegen freilich auf der Hand, nicht so der systematische Gesichtspunkt, dem sie diese ihre Stellung am Schlusse verdanken. Vielleicht bilden beide einen Anhang, indem Sabinus diese eigentümlichen Materien nicht anderweit unterzubringen wusste. Möglich aber auch, dass die Stellung der fiducia daraus zu erklären ist, dass Sabinus in ihr das civile Gegenstück des prätorischen Pfandrechts erkannte und sie darum so in das System einreihte, als wenn sie eine besondere Art Sachenrecht darstellte. Wenig glaublich ist mir dagegen die Vermutung Karlowas, zur Erörterung des postliminium am Schlusse möge das pfandartige Recht am redemptus den

---

[1]) Es ist vielleicht kein Zufall, dass in den auf uns gekommenen Commentarfragmenten hier gerade das arbitrium de restituendo die Hauptrolle spielt.

Übergang vermittelt haben. Ein Civilrechtssystem *musste* das postliminium ex professo erörtern, und es ist nicht wahrscheinlich, dass Sabinus die Gelegenheit dazu in einem verhältnissmässig nebensächlichen Rechtsinstitute, das selbst nur eine Art Modification des ius postliminii bildet, gesucht und gefunden habe. Eher würde mir einleuchten, wenn Sabinus am Schlusse seines Werks die räumlichen Grenzen der Herrschaft des civilen Sachenrechts festgestellt hätte, so auf die internationalen Beziehungen und das ius postliminii gekommen wäre. Mehr als unsichere Vermutungen sind hier nicht möglich.

Betrachte ich das System, das ich im Obigen zu erklären versucht habe, im Ganzen, so scheint es mir den Vorwurf, den ihm Voigt (S. 357 fg.) macht, dass es einen Rückschritt gegen das Mucianische bedeute, in keiner Weise zu verdienen. Begründeten Einwendungen unterliegt es nur, wenn man des Sabinus Werk als Lehrmittel für Anfänger auffasst. Sieht man davon ab, so ist seine Anordnung im Ganzen von einfachen und verständigen Gesichtspunkten beherrscht, und gebührt diesem System, selbst neben dem des Gaius, ein ehrenvoller Platz in der Geschichte der Rechtssystematik.

# VERGELTUNGSIDEE UND ZWECKGEDANKE

## IM STRAFRECHT.

ZUR BELEUCHTUNG DER „NEUEN HORIZONTE“

IN DER

STRAFRECHTSWISSENSCHAFT

VON

Prof. A. MERKEL.

# VERGELTUNGSIDEE UND „ZWECKGEDANKE".

1.

In Vielem gleichen, wie wohl Niemandem entgehen kann, die geistigen Bewegungen am Ausgang unseres Jahrhunderts denjenigen am Ausgang des vorigen. Sie erscheinen in manchem Betracht als eine durch umfassendere Kräfte getragene Wiederaufnahme der letzteren. U. A. gilt dies von Bestrebungen im Bereiche der Strafrechtswissenschaft.

In beiden Perioden tritt hier ein grosser Reformeifer und eine entschiedene Unzufriedenheit mit der Wirksamkeit der bestehenden Einrichtungen hervor, die wirklichen oder vermeintlichen Grundlagen derselben werden zu einem Gegenstande des Angriffs, und mit der pessimistischen Beurtheilung des Bestehenden verbindet sich eine optimistische Auffassung des Erreichbaren. Neue Methoden in der Bekämpfung des Verbrecherthums sollen zur Anwendung kommen und für die Strafrechtspflege eine neue Epoche mit nie gesehenen Erfolgen herbeiführen.

Als ein beherrschendes Element des überlieferten Strafrechts betrachtet man die Vergeltungsidee, und auf ihren Einfluss wird der behauptete Misserfolg in jenem Kampfe von Reformfreunden beider Perioden zurückgeführt. Man stellt ihr den Zweckgedanken als etwas angeblich ihr Fremdes und Gegensätzliches gegenüber, und erwartet von dessen Herrschaft die Begründung der neuen Ära. Diese Gegenüberstellung erfolgt ungezählte Male mit den vermeintlich weisen, im Grunde nichtssagenden, Worten Seneca's, dass kein Verständiger strafe um der begangenen Verbrechen willen (quia peccatum), sondern wegen der zu verhütenden künftigen (ne peccetur). Das erstere aber, und also, so meint man, die Beziehung auf ein Vergangenes und folglich dem Bereiche praktischer Erfolge Entrücktes soll die Vergeltung und demgemäss das bestehende Strafrecht charakterisiren.

Nachdem man so die Zweckbeziehung aus dem Vergeltungsgedanken eliminirt hat, demonstrirt man die Nutzlosigkeit und die daraus folgende Verwerflichkeit seiner Verwirklichung. „Das blosse Übel ohne weiteren Zweck", sagt Michaelis, „wozu sollte es dienen?"[1]. In der That, wenn es keinen Zweck hat, wozu sollte es dienen!? So sieht H. Seuffert in der vergeltenden Strafe bloss die Zufügung von Leiden wegen begangenen Unrechts, und ihre Bedeutung begrenzt sich ihm

[1]) L. Günther, die Idee der Wiedervergeltung in der Geschichte und Philosophie des Strafrechts II S. 220. Das Werk enthält reiche Materialien zur Geschichte der hier in Betracht gezogenen älteren Reformbewegung.

durch das vergängliche Lustgefühl, welches durch das Unlustgefühl des Verbrechers bewirkt wird. Daher ist es ihm leicht, über sie den Stab zu brechen. „Keiner einzigen Bedingung unseres Daseins oder seiner Entwicklung entspricht das Lustgefühl der Vergeltung“[1]) Desshalb ist auf diese zu verzichten. Danach also hätte die Natur dem menschlichen Geschlecht den gewaltigen Vergeltungstrieb für nichts, als einen blossen verderblichen Wahn eingepflanzt. Ihm allein in der ursprünglichen Ausstattung unseres Geschlechts wäre eine Beziehung auf die Erhaltung oder auf die Entwicklung menschlichen Daseins nicht abzugewinnen! Verhielte es sich so, dann wäre es freilich aufs Innigste zu wünschen, dass der Zweckgedanke in unserem Gebiete endlich über den Wahn der Jahrtausende siege! „Dann“, so hofft man, „wird die Todesstunde über die Verbrecherklasse schlagen“ (J. Sacker)[2]).

Die Stürmer und Dränger der Aufklärungszeit haben indessen wohl zu einer Milderung der vergeltenden Strafe beigetragen, das Anwendungsgebiet dieser Strafe aber zu beschränken nicht vermocht. Auch hat der Geist der Strafrechtswissenschaft sich trotz oder vielmehr in Folge der Mitarbeit unserer grossen Denker

[1]) H. Seuffert, Gutachten für den Juristentag über die Frage der bedingten Verurtheilung in den Verhandlungen des 21. D. Juristentags I S. 227 ff.

[2]) J. Sacker, Der Rückfall I, Berlin 1892.

(Kant, Hegel, Herbart) aufs neue durch jenen vermeintlichen Wahn verfinstern lassen.

H. Seuffert scheint die Erklärung hievon zum Theil in „abstossenden Verirrungen des Zweckgedankens im Strafrecht des vorigen Jahrhunderts“ finden zu wollen. (S. 249 l. c.). Allein es möchte ihm schwer halten, solche Verirrungen zu bezeichnen, für welche nicht in den mit der Bekämpfung der vergeltenden Strafe zusammenhängenden Bestrebungen der Gegenwart ein Seitenstück zu finden wäre

Diese heutigen Bestrebungen schliessen entschieden radicalere Tendenzen in sich als jene älteren und zwar in dem Maasse, als sie mehr Konsequenz in der Bekämpfung der Vergeltungsstrafe erkennen lassen. Jene Reformfreunde des vorigen Jahrhunderts verlangten vielfach in Einem Athem die Beseitigung der Vergeltung und die Anpassung der Strafe an den Geist des Verbrechens. Jetzt finden wohl die Meisten, dass man sich, so lange man das Verbrechen oder auch den Geist desselben zum Maassstab der Strafe nimmt, auf dem Grunde des Vergeltungsgedankens bewege. Sie setzen demgemäss dem Verbrech*en* den Verbrech*er* entgegen. „The character of the offender, not the offence“. „Dem feindlichen Verhältniss zum Verbrechen“ soll die zweckbewusste Bearbeitung der Verbrecherklasse substituirt werden. Gegenstand und Maass der Wirksamkeit der Strafrechtspflege soll künftig der „verbrecherische Zustand“ des Delinquenten sein. Für diesen aber kommt das einzelne Verbrechen nur als ein Symptom in Betracht. Dieser Auffassung gemäss werden bei den Modernsten unter den Modernen die Worte „Schuld“, „Verschuldung“ in wunderlicher Vergewaltigung des Sprachgebrauchs nicht auf den begangenen Rechtsbruch, sondern auf die Gefährlichkeit des Thäters bezogen. „Der Angeklagte ist schuldig“ würde künftig zu bedeuten haben, er ist eines für die Gesellschaft gefährlichen Zustandes überführt. Dieser Auffassung entspricht es, wenn man die bisherige „Trennung des Strafvollzugs von der Strafrechtspflege“, „la séparation entre la fonction répressive et la fonction pénitentiaire“ verwirft. Denn ihr zufolge kann das richterliche Urtheil nur eine beschränkte und provisorische Bedeutung in Anspruch nehmen als ein vorläufiger Ausspruch über die Beschaffenheit des Verbrechers, der erst im Laufe der Strafvollziehung, im moralischen Sanatorium des Zuchthauses oder Gefängnisses, seine Bestätigung und bezw. seine Korrektur zu finden haben würde. Näheres hierüber unter 5.

Auf theoretischem Gebiete würde die analytische Bearbeitung der Deliktsbegriffe konsequenterweise gänzlich dem Studium des verbrecherischen Menschen zu weichen haben (anthropologische Richtung), auf praktischem den

Einrichtungen, welche der Bearbeitung der Rückfälligen gelten, eine alles Andere überragende Wichtigkeit beizumessen sein, da für diesen Standpunkt „die Frage über den Rückfall alle Fragen des Strafrechts- und Gefängnisswesens in sich enthält". (J. Sacker) etc. (s. Abschnitt 5).

Zu den Trägern der charakterisirten Bewegung gehört u. A. die anthropologische Kriminalistenschule Italiens (Schule Lombroso's). Ferner die internationale kriminalistische Vereinigung. Zwar huldigen die Mitglieder dieser letzteren keineswegs insgesammt Tendenzen der besprochenen Art, wie u. A. die trefflichen Arbeiten der Mitglieder Lammasch und Mittelstädt über einschlagende Fragen ergeben. Aber die charakteristische Färbung des kriminalpolitischen Verhaltens dieser Vereinigung, die dafür bestimmenden Anschauungen ihrer Gründer und Leiter sammt gewissen Bestandtheilen ihres Statuts (II 5 u. 8) rechtfertigen diese Rubricirung. Hat doch einer dieser Leiter, H. Seuffert, auf dem Vereinstage in Kristiania bestätigt, dass die Vereinigung „den Vergeltungsgedanken allmählig bis in die hinterste Ecke treten lässt". Illustrirt wird dies Urtheil u. A. durch das Verhalten einer Kommission der Vereinigung für die Frage der Behandlung jugendlicher Delinquenten, welche ihre Ansicht, dass die über jene zu verhängenden Freiheitsstrafen länger als bisher zu bemessen seien, „in den barocken, absichtlich dem Standpunkte der vergeltenden Gerechtigkeit ins Gesicht schlagenden Satz: „Jugend ist kein Milderungsgrund“ gekleidet hat“[1]).

Diese beiden Gruppen haben sich um die Belebung des öffentlichen Interesses für die legislativen Fragen unseres Gebietes zweifellos verdient gemacht und, namentlich gilt dies von der letztgenannten, einen bemerkenswerthen Einfluss auf die öffentliche Meinung gewonnen. Ein um so grösseres Interesse bieten die sie verbindenden Anschauungen und Tendenzen und die gesammte geistige Bewegung, welcher diese angehören, und um so berechtigter dürfte eine erneute Prüfung ihrer Bedeutung und ihrer causalen Zusammenhänge sein. Eine solche soll im Folgenden in Verbindung mit einer Orientirung über die Vergeltungsidee selbst und über ihre Stellung in der Geschichte des gesellschaftlichen Lebens gegeben werden[2]).

---

[1]) Vgl. Felitsch in Goltr. Arch. 1891 S. 283.

[2]) Die nachfolgenden Ausführungen enthalten wie überhaupt die vorliegende Arbeit in mehreren Richtungen Ergänzungen zu dem in früheren Publikationen des Verfassers Enthaltenen. Andrerseits sind dort mehrfach Gedanken nur einfach ausgesprochen, welche in diesen früheren Schriften entwickelt und begründet worden sind. Ich begnüge mich mit dem allgemeinen Hinweis auf diesen Sachverhalt. Ausser meinem Lehrbuche und den daselbst (insb. S. 179 und 187) cit. Abhandlungen gehört dahin mein Vortrag über den Zusammenhang zwischen der Entwicklung des Strafrechts und der Gesammtentwicklung der öffentlichen Zustände und des geistigen Lebens der Völker, Strassb. 1890.

2.

Der Begriff der Vergeltung umfasst alle Gegenwirkungen gegen die Urheber von Unlust oder Lust, welche einen der Beschaffenheit der ersten Einwirkung entsprechenden, also im einen Fall feindlichen (lustmindernden) im andern freundlichen Charakter haben. Dieselben gehören zu den elementaren Functionen beseelter Wesen und ihre Bedeutung ist eine universelle. Wir können sie aus der Geschichte keines Einzel- und keines Volkslebens wegdenken, und in tausenderlei Formen, in Verbindung mit den mannigfachsten Komplexen von Vorstellungen und Empfindungen sind sie beständig an der Gestaltung der gesellschaftlichen Zustände und der Bestimmung ihres psychologischen Charakters betheiligt.

Hier interessirt nur die Gegenwirkung gegen feindliche Einwirkungen. Sie stellen eine Form der Selbstbejahung irgend einer Verneinung der Geltung unseres Willens, unserer individuellen oder socialen Interessen dar. Weit entfernt, bedeutungslos für die letzteren zu sein, sind sie im Gegentheil innerhalb jeder Gesellschaft für den Bestand von Verhältnissen der Coordination und der Überordnung, für das Übergewicht bestimmter Richtungen des Wollens oder der ihnen entsprechenden Maximen, und in der Volksgemeinschaft für eine, deren Interessen entsprechende, Erziehung der heranwachsenden

Generationen mitbedingend. Innerhalb der Konkurrenz, in welche sich menschliche Willen und Interessen überall gestellt sehen, ist die Behauptung jeder Geltungssphäre von Machtäusserungen hemmenden oder störenden Elementen gegenüber abhängig, und zu diesen Machtäusserungen gehört die Vergeltung.

In welcher Weise sie zu Gunsten jener Selbstbehauptung wirksam zu werden und die in feindlichen Einwirkungen sich begründenden und durch solche erkennbar gemachten Gefahren und Missverhältnisse in ihrer Bedeutung einzuschränken oder aufzuheben vermöge, ist oftmals dargelegt worden und psychologischer Beobachtung offenliegend. Sie ist im Allgemeinen, von Wehrlosmachung oder Vernichtung der feindlichen Elemente abgesehen, gleich jeder Machtbethätigung im Bereich konkurrirender Willen geeignet, sowohl Motive der Furcht wie solche der Achtung zu Gunsten der angegebenen Zwecke zu erzeugen, das Selbst- und Werthgefühl des Handelnden und sein Ansehen bei Genossen zu bekräftigen etc. Auch hat Vergeltung wohl nirgend in der Gesellschaft eine Rolle gespielt, ohne dass Vorstellungen von diesen Wirkungsweisen, mehr oder weniger entwickelt, sich dabei geltend gemacht hätten.

Die vergeltende staatliche Strafe und die Rache im Zeitalter suveräner oder halbsuveräner Blutsverbände sind nur einzelne aber besonders bedeutsame Formen dieser Vergeltung. Ihnen gemeinsam ist, dass ethische und bezw. religiöse Vorstellungen, ihrer besonderen socialen Bedeutung gemäss, sich mit ihnen verknüpfen und ihnen eine gewisse Weihe verleihen. Dieselben schliessen mehr oder minder entwickelte Zweckvorstellungen nicht aus und bilden nirgend ausserhalb des Bereichs scholastischer Lehrmeinungen einen Gegensatz zu diesen. Die Vergeltung ist Gegenstand einer ethischen Sanktion als ein Mittel zu gebilligten Zwecken, und die bezüglichen ethisch-religiösen Vorstellungen entwickeln sich in engem Zusammenhange mit der Gesammterfahrung bezüglich dieser Zwecke. Überall ja umranken sich die Grundlagen der Existenz und des inneren Zusammenhangs oder der Machtstellung und des Wohlseins selbständiger socialer Gruppen mit ethischen Anschauungen. In ihnen üben umgewandelte und gleichsam verdichtete Zweckvorstellungen von besonderer Richtung, befreit aus der Abhängigkeit von den schwankenden Reflexionen des individuellen Verstandes einen continuirlichen Einfluss auf das Verhalten der Einzelnen und der Gesammtheit aus.

In jener vorstaatlichen Zeit war bekanntlich speziell die Blutrache einer ethischen Sanktion theilhaft und der Zusammenhang dieser letzteren mit den Existenzbedingungen der primitiven Blutsverbände ist unschwer zu erkennen. Desshalb schwindet diese Sanktion mit der Bedeutung und Selbständigkeit der genannten Verbände. Der Staat absorbirt deren Funktionen sammt dem auf sie bezüglichen Ethos, und lässt an die Stelle der von dem Letzteren beherrschten Rache (von der Übergangsformation der compositio sehe ich hier ab) seine vergeltende Strafe treten. Form und Bedeutung der Vergeltung erfahren damit sammt den motivirenden und begleitenden Vorstellungen bedeutsame Änderungen. Sie tritt in Beziehung zu den Bedingungen, Zwecken und Formen eines umfassenderen Gemeinlebens und den es stützenden sittlichen Kräften.

Vor Allem macht sich hier geltend, dass die Vergeltung fordernde Übelthat eine Richtung hat gegen einen übergeordneten beherrschenden Willen und gegen eine durch jene Kräfte getragene und auch für den Übelthäter als verbindlich betrachtete Ordnung. Sie ist daher nicht mehr bloss ein feindlicher Act, sondern missbilligte Auflehnung, Verbrechen, und die Strafe demgemäss nicht mehr bloss ein, einer Feindesthat korrespondirender, feindlicher Act, sondern Geltendmachung eines verbindlichen Gesetzes. In dem Maasse, als jene Feindesthat in der Schätzung sinkt, erhöht sich die Dignität der Vergeltung. Mit dem herrschenden Willen und den Interessen der staatlichen Gemeinschaft kommt das mit jenen verbündete Ethos dieser Gemeinschaft darin zum Ausdruck, und es entwickelt sich das System von Begriffen (Verantwortlichkeit, Schuld, Zurechnung, Sühne etc.), welche sich im Bewusstsein vorgeschrittener Völker um den Gedanken der staatlichen Vergeltung und ihren Gegenstand gruppiren.

Zugleich bilden sich bestimmte Werthmaasse für die Beurtheilung der verschiedenen Kategorien von Übelthaten und für die Gestaltung der auf sie bezüglichen vergeltenden Gegenwirkung aus. Jenes Volksethos gewinnt damit Elemente, welche diese Gegenwirkung nicht bloss begünstigen, sondern ihr, und bzw. den durch die That erzeugten Affecten in ihrer Richtung gegen die Person des Schuldigen, Schranken ziehen. Es billigt fortan nur die innerhalb dieser sich bewegenden, d. i. die dem Maasse der Verschuldung im Sinne der herrschenden Werthanschauungen proportionale Vergeltung. Der Vergeltungstrieb weist von sich aus nicht auf solche Schranken hin. Ihr Hervortreten in den Anschauungen und den Gesetzen hängt mit dem Einfluss vermittelnder, geistiger und socialer, Faktoren von mannigfacher Art zusammen. Zugleich kommen darin Werthempfindungen in Bezug auf die Genossen (später in Bezug auf die Mitmenschen überhaupt) zum Ausdruck. Was dem Gewicht seiner That entspricht, das und nicht mehr soll der Schuldige leiden. In dem Bereiche collidirender Interessen, dem die Wirksamkeit der Rechtspflege angehört, geben die Vorstellungen von dem gerechten

Maasse der Vergeltung im aristotelischen Sinne ein Mittleres, d. i. die Linie an, auf welcher der strafende Staat mit dem Ganzen der legitimen Interessen, der Volkserfahrung und -Empfindung gemäss, im Einklang bleibt.

Unter ihrem Einfluss erhält die vergeltende Strafe zugleich ihren rechtlichen Charakter. Die Grundgedanken alles Rechts breiten ihre Herrschaft über sie aus. Denn dieses hat es mit der unparteiischen Abwägung collidirender Interessen und mit entsprechenden Grenzen und Maassbestimmungen zu thun.

Der Gesammtentwicklung des geistigen Lebens gemäss entwickeln sich jene Werthanschauungen. Es verfeinert sich gleichsam die Waage, in welcher antisociale Thaten gemessen werden. Aber ich gehe auf die reiche Geschichte dieser Anschauungen hier nicht ein. Nur ein Missverständniss sei abgewiesen.

Immer wieder setzt man der vergeltenden Strafe das Argument entgegen, dass für Menschen das gerechte Schuldmaass unauffindbar sei. „Wir kennen das Maass der Schuld nicht, für das wir vergelten wollen; es ist lediglich ein Suchen und Tappen in der Unendlichkeit, das wir für Erforschung der Schuld halten, für die wir das Gleichgewicht schaffen wollen" (H. Seuffert). Nichts davon ist wahr. Niemals hat die staatliche Gesetzgebung nach dem unfindbaren Maassstabe gesucht, von dem hier die Rede ist, nirgend den Standpunkt einer himmlischen Gerechtigkeit eingenommen, welche den absoluten sittlichen Werth menschlicher Handlungen zum Maasstab der Vergeltung nehmen würde. Dasjenige Maass der Schuld und Vergeltung aber, das den Staat allein angeht, ist für ihn im Ganzen ebenso erkennbar, wie das für seine sonstige rechtliche Wirksamkeit entscheidende Maass. Denn es gehört wie dieses dem Zusammenhang der Interessen, Erfahrungen und Werthempfindungen an, welche in der Volksgemeinschaft hervortreten und deren vornehmstes Organ er selber ist.

Ursprünglich besteht ja freilich ein enger Zusammenhang zwischen staatlicher und göttlicher Justiz in den Vorstellungen der Völker, und ihre Entwicklung schreitet lange in paralleler Richtung fort. Aber so lange dies der Fall ist, gilt für Beide, was hier als charakteristisch für die staatliche Vergeltung angegeben wurde, nämlich, dass sie ihren Grund in dem Interesse des Vergeltenden an der Aufrechterhaltung seiner Herrschaft, der von ihm begründeten Ordnung und des Wohls seiner Schutzbefohlenen hat und ihr Maass in der Bedeutung der Übelthaten für diese Aufrechterhaltung, wie sie in den herrschenden Anschauungen sich spiegelt.

Die zwischen beiden bestehenden Beziehungen aber mögen es als gerechtfertigt erscheinen lassen, einen Blick auf die Vergeltungsidee im Bereiche religiöser Vorstellungen zu werfen.

3.

Das Interesse an der adaquäten Vergeltung menschlicher Thaten ist ein Quellpunkt sowohl religiöser wie rechtlicher Vorstellungen und ein Werkmeister beim Aufbau nicht bloss der weltlichen, sondern auch der himmlischen Reiche. Könige und Götter sind von Haus aus gleichmässig Repräsentanten dieses Interesses. Ihre vornehmste Mission ist es ja, zu richten und zu strafen, „das Unrecht zu kränken", Verdienste aber um sie und die ihrigen zu belohnen. Nicht, Gesetze zu geben, ist ihre ursprünglichste Aufgabe, sondern die bestehende Ordnung in ihren Willen aufzunehmen und deren Bestand zu gewährleisten. Die wesentlichste Form aber, in welcher die Götter sich hieran betheiligen, ist die der strafenden (diesseitigen und jenseitigen) Vergeltung. Ob aus der Welt der Dämonen eine Götterwelt entstanden wäre ohne jenes Interesse, darf bezweifelt werden. „Nicht Zeus, nicht einer der Himmlischen lebt", sagt der Dichter, „wenn die Verbrechen ohne Strafe bleiben." Einmal mit jener Ordnung indentificirt, rächen sie in dem Bruch derselben gleich den Königen die Missachtung ihres eigenen Willens, und rächen ihn in der Weise der Könige, nach gleichartigen Werthmaassen, unter dem Einfluss analoger Zweckvorstellungen und gleicher Affecte an dem Schuldigen und seiner Sippe „bis ins dritte oder vierte Glied." Eine höher steigende

Kultur aber lässt die Affecte in beiden Sphären zurücktreten und bildet jene Werthmaasse für beide in gleicher Richtung um.

Die Linien der Entwicklung beider Vorstellungsreihen scheiden sich erst, nachdem die Religion den spezifisch national-politischen Charakter abgestreift hat. Ihre Anforderungen gehen nun wesentlich über die des Rechts hinaus und ergreifen vor Allem in umfassender Weise auch das innere Verhalten der Persönlichkeit. Es lockern sich die Beziehungen und es vermindern sich die Analogien zwischen dem Reiche, auf das diese Anforderungen sich beziehen und den nationalen Gemeinwesen, und im Zusammenhang damit wird das Maass für die Werthung von Übelthaten in beiden Sphären ein verschiedenes. So vor Allem bei den christlichen Völkern.

Gleichwohl behaupten sich mannigfache Wechselbeziehungen. Vor Allem fällt die staatliche Vergeltung aus dem Rahmen derjenigen Ordnung der Dinge nicht heraus, welche als von Gott gegründet oder gutgeheissen und unter seinem Schutze stehend betrachtet wird. So auch nicht nach christlicher Anschauung (s. z. B. Math. 5, 22), mag auch die Auffassung des Paulus von dem Rächeramte der Obrigkeit (Römer 13) in ihrer theokratischen Färbung nicht schlechthin als die christliche anzusehen sein. Eine Religion, welche für das Bereich *ihrer* Normen an der Idee der Vergeltung festhält, kann diese Idee in ihrer Beziehung auf die Rechtsvorschriften konsequenterweise nicht bekämpfen, es sei denn, dass sie Recht und Staat als Teufelswerk betrachte. Jede Religion aber wird für ihr Bereich (von der Bedeutung des früher erwähnten Vergeltungsinteresses für sie abgesehen) an dieser Idee festhalten, so lange sie Gebote aufstellt und diese Gebote auf den göttlichen Willen zurückführt. Denn Gebote, deren Verletzung den Willen gleichgültig lässt, von dem sie ausgehen, und nicht irgendwie auf ihn zurückführende, Unlust erzeugende und die Verbindlichkeit der Gebote bekräftigende, Gegenwirkungen wenigstens für die Regel nach sich zieht, sind ein Widerspruch in sich.

Die Werkzeuge dieser Vergeltung können freilich verschieden gedacht werden, und ebenso ihre Formen, und die Formen der ihr correspondirenden Genugthuung. Auch schliesst die christliche Gedankenwelt in dieser Hinsicht verschiedenerlei Vorstellungsweisen ein. Die Vorstellung, dass Gott der Ordnung des geistigen Lebens die Faktoren eingefügt habe, welche die Menschen den Werth ihrer Thaten leidend oder beseligt erfahren lassen, unabhängig von jedem Eingreifen eines äusseren Gerichts, gehört ihr ebenso an (vgl. z. B. Johannes 3, 18), wie die Vorstellung von einer Vergeltung, welche der von Gott abhängige äussere Weltlauf (zu dem auch die Wirksamkeit des staatlichen Gerichts und die, dem Thäter freilich zur Sünde gerechneten, Racheacte Privater gehören) mit sich führe[1]), und die weitere Vorstellung von einer durch Gottes besondere Veranstaltungen und bezw. durch das Weltgericht Christi sich verwirklichenden Vergeltung[2]). Die christliche Vergeltungsidee hat aber, und dies verdient hier besondere Beachtung, nichts mit den Vorstellungen zu schaffen, welche in den sogen. absoluten Strafrechtstheorien zum Ausdruck gelangt sind. Die auf Gottes Willen sich gründende vergeltende Strafe trägt keineswegs, wie es diesen Theorien entsprechen würde, ihren Zweck in sich[3]), und sie ist nicht an das Gleichmaass von Sünde und Strafe gebunden. Die der Schuld proportionale Strafe kann vielmehr abgewendet werden durch ein Verhalten der Schuldigen, das an den göttlichen Endabsichten und dem Zweck jener Strafe gemessen, diese aufwiegt. Sie kann nach christlicher Lehre abgewendet, bzw. gegemildert werden durch Busse und Besserung („Gott will nicht den Tod des Sünders, sondern,

---

[1]) Vgl. u. A. Lukas 13, 1—4; 6, 37. 38; Paulus, Gal. 6, 7 ff.: Eph. 6, 3. 8; Joh. Offenb. 13, 3.

[2]) Matthäus 8, 12; 10, 32; 11, 22 ff.; 12, 31—37; 13, 40 ff.; 16, 27; Lukas 16, 25; Paulus, Röm. 2, 6 ff.; 12, 19; I Kor. 3. 17; II Kor. 5, 10; II Tim. 4, 8; Kol. 3, 25; I Thessal. 4, 6; II Thessal. 1, 6—9; Hebräerb. 10, 29 ff.; Joh. Offenb. 16, 19; 18, 5 ff.; 22, 9; Apostelgesch. 5, 5. 10.

[3]) Vgl. bezüglich ihrer Zwecke Paul. I Tim. 1, 19 („damit sie lernen, nicht weiter zu lästern"); I Kor. 5. 5 („damit die Seele am Tage des Herrn gerettet werde"). Der Endzweck liegt zweifellos in der Ausbreitung des Gottesreichs.

dass er sich bekehre und bessere"), und bzw. durch den rechtfertigenden Glauben; letzteres im Zusammenhang mit der Vorstellung, dass Christus, für die Menschheit leidend und sterbend, „die Sünden der Welt auf sich genommen" habe[1]). Die willig dargebotene Genugthuung steht hiernach in der göttlichen Schätzung höher wie die äusserlich aufgezwungene, die Demüthigung unter den göttlichen Willen und die Aufnahme seiner Gebote in den eigenen Willen höher als die Vergeltung nach der Gerechtigkeit. Darin aber liegt, dass dieser Vergeltung nur ein relativer Werth zukomme, und dass derselbe sich messe an Zwecken, die auch in anderer Weise Erfüllung finden können. Diese vergeltende Strafe ist folglich „Zweckstrafe", und ihr Maass liegt spezieller in den Bedingungen der Herrschaft des göttlichen Willens im Bereiche der menschlichen Seelen.

In dieser Religion erhebt sich das Mitleid zu einer Macht und tritt neben und vor die Gerechtigkeit. Die Übel, welche auf der Menschheit lasten, erscheinen ihr als gerecht, d. i. dem Wesen derselben und der Beschaffenheit ihres Wollens und Thuns gemäss. Gleichwohl will sie die Last dieser Übel mindern, ja den Weg zur Erlösung von derselben zeigen. Nicht als Richter will Christus erschienen sein, also nicht

[1]) Matth. 20, 28; Markus 10, 45; Paul. Röm. 3, 24 f.; Gal. 1, 4; 2 20 f.; I Joh. 2, 1 f.

um der Gerechtigkeit willen, sondern um selig zu machen[1]). Der Christ hofft auf Gnade, nicht auf Gerechtigkeit[2]).

Die Betretung jenes Weges wird freilich abhängig gedacht von einer gleichviel wie spezieller bestimmten Satisfaction, oder doch von Vorgängen, in welchen eine Gegenwirkung gegen die Sünde und die ihr entsprechenden Neigungen und Kräfte enthalten ist, und in welchen sich die Macht der göttlichen Gebote bewährt[3]). Und wäre es anders, so würde der Gedanke an ein gebietendes Weltregiment fallen gelassen sein. Denn ein solches Regiment kann die Missachtung seiner Gebote verzeihen, aber nicht ignoriren. Verzeihung aber hat nur Sinn unter der Voraussetzung erfolgter oder zu erhoffender Vorgänge jener Art. Insofern nun jene Gegenwirkungen direkt oder indirekt auf den göttlichen Willen zurückgeführt werden, tritt uns auch in ihnen das Wesen der Vergeltung entgegen.

Eine andere Frage ist, ob die Beziehung auf den Willen einer gebietenden Autorität für die Religion und für die Moral allgemein und dauernd wesentlich sei. Für Diejenigen, welche die Frage verneinen, verliert zwar nicht die Vergeltung überhaupt nach ihrem allgemeinsten Wesen, wohl

---

[1]) Joh. Ev. 3, 17 f.; 12, 47; Lukas 9, 54; 12, 14.

[2]) Über den hier bestehenden Gegensatz vgl. Paul. Röm. 11, 6; Gal. 2, 21.

[3]) Vgl. Lukas 15, 7 ff. über die Freude des Himmels über einen Sünder, „der Busse thut". S. S. 127 Anm. 1.

aber die vergeltende *Strafe* in dieser Sphäre ihre Bedeutung. Bedürfen sie, um moralisches Handeln und religiöses Empfinden zu erklären, und ihnen einen Werth und eine bewegende Kraft zuzuerkennen, nicht des Gesetzgebers, so auch nicht des Gerichts. Ich sehe von der Religion wegen der grösseren Komplicirtheit der sie betreffenden Frage ab und halte mich an die Moral. Hier nun ist gewiss, dass die höhere Werthschätzung menschlichen Verhaltens für eine feinere Empfindung überall gerade davon abhängig ist, dass die Rücksicht auf Lohn und Strafe keinen Einfluss auf dieses Verhalten geübt hat. Darin aber liegt, dass das Wesen der Moral mit der Vergeltungsidee an sich nichts zu schaffen habe und die Beziehung auf die Befehle eines übergeordneten Willens nicht in sich schliesst, wie bedeutsam immer die Verknüpfung ethischer Vorstellungen mit jener Idee für die Entwicklung dieser Vorstellungen und für ihren Einfluss im Völkerleben gewesen sein möge. Und es liegt hierin ferner, dass diese Verknüpfung sich lösen könne.

Doch ist hier nicht der Ort, in eine nähere Untersuchung hierüber einzutreten.

Wohl aber interessirt hier die das Verhältniss des staatlichen Rechts zur staatlichen Vergeltung betreffende analoge Frage, wie sie durch unsere kriminalistischen Reformfreunde auf die Tagesordnung der Gegenwart gestellt worden ist.

4.

Ist die Vergeltung dem Wesen des Rechts ebenso fremd wie dem der Moral? Haben daher Diejenigen, welche sie im Bereiche der Rechtspflege bekämpfen, Aussicht auf die Erreichung ihres Zieles? Ich meine, aus dem bisher Gesagten müsse bereits erhellen, dass dieser ganze Feldzug gegen die rechtliche Vergeltung sich auf Missverständnisse stütze, und dass die Bejahung der aufgeworfenen Fragen nur bei völliger Verkennung der Natur des Rechts möglich sei.

Das Recht ist im Unterschied von der Moral wesentlich heteronomer Natur und kann die Beziehung auf einen den Einzelnen übergeordneten Willen und dessen Gebote nicht abstreifen. Es ist ein System von Imperativen, in welchen eine Macht, welche herrschen will und Gehorsam fordert, in der Form einer äusseren Gesetzgebung (dieser Ausdruck in seinem umfassenderen, Kantschen, Sinne genommen) an den Einzelnen herantritt. Es kann desshalb der äusseren Sanktionen nicht entbehren, und diese können, wo die Natur der Sache den Zwang zu einem entsprechenden Verhalten ausschliesst, nur in der Androhung und bezw. Verwirklichung von Gegenwirkungen liegen, welche, was immer sie sonst noch bedeuten mögen, für den Betroffenen die Bedeutung einer Minderung an Freiheit und Lustgefühlen haben. Die Rechtsvorschriften wären keine Gebote, wenn nicht solche Gegenwirkungen, wenigstens concludenter Weise, in Aussicht gestellt wären, und sie wären nicht der Ausdruck eines beherrschenden Willens, wenn nicht gegebenen Falles Ernst damit gemacht werden würde. Sie gehören zum Rechte wie der Schatten zum Lichte. Wie sich hiebei der Entschädigungszwang zur Strafe verhalte, kann hier unerörtert bleiben. Genug, dass innerhalb weiter Grenzen nur die letztere in Betracht kommen kann.

Nur wer die imperative Natur des Rechts läugnet, kann konsequenterweise zu einem anderen Ergebniss kommen. Käme in ihm nicht ein Wille zum Ausdruck, der Beachtung fordert, sondern nur ein Wissen, wäre das Recht nur ein theoretischer Ausdruck für das durchschnittliche Verhalten der Staatsangehörigen, für das, was man im Verkehr als den gewöhnlichen Gang der Dinge zu erwarten pflegt, wie einige Schriftsteller anzunehmen scheinen, so bedürfte es freilich jener vergeltenden Gegenwirkungen nicht. Dann aber würde es unbegreiflich sein, dass dieselben in der Geschichte des Rechtslebens beständig eine so grosse Rolle gespielt haben! Wäre es ferner bei der Aufstellung von Rechtsnormen nicht auf einen bestimmenden Einfluss derselben, sondern lediglich darauf abgesehen, Symptome für den psychologischen Zustand der Staatsangehörigen zu gewinnen, um sie demnächst einer entsprechenden Behandlung zu unterwerfen, so hätte Vergeltung in diesem

Bereiche in der That weder Sinn noch Zweck. Aber auch in diesem Falle wäre nicht zu verstehen, dass es jemals eine Vergeltung von Rechtswegen gegeben hat. Selbstverständlich endlich würde alle staatliche Vergeltung entfallen, wenn die im Staate organisirte Gesellschaft, wie dies jüngst Graf Tolstoi verlangt hat, sich auf den Standpunkt der Selbstlosigkeit und der entgegenkommenden Hinnahme des Übels stellen würde, der da charakterisirt ist durch die Worte Christi „Schlägt Dich Jemand auf die rechte Wange, so wende ihm auch die andere zu", „will Dir Jemand den Rock nehmen, so lass ihm den Oberrock dazu" (Matth. 5,39 ff.), und den Ausspruch „Richtet nicht, so werdet auch Ihr nicht gerichtet werden" (Lukas, 6,37) sich zur Richtschnur dienen liesse. Aber die Völker befinden sich nicht auf dem Wege zu diesem Standpunkte, und wenn er von einem Volke eingenommen werden würde, so verschwände bei diesem Volke mit der staatlichen Vergeltung zugleich das staatliche Recht, so gewiss dasselbe eine Bejahung des gesellschaftlichen „Willens zum Dasein" und seiner Werthe und eine imperative Bethätigungsform dieses Willens darstellt.

Die staatliche Vergeltung wird daher dauern so lang das staatliche Recht dauert.

Aber auch sie hat wie die himmlische Vergeltung nichts mit den absoluten Theorien zu schaffen. Auch sie ist „Zweckstrafe“ und misst sich an den Bedingungen ihres Zwecks.

Welches immer die Reflexionen gewesen sein mögen, welche die vergeltende Strafe in verschiedenen Zeitaltern im Bewusstsein der Völker ausgelöst hat, das praktische Verhalten der letzteren entsprach niemals der Lehre, dass das Strafgesetz ein „kategorischer Imperativ“ (Kant) sei. Zu allen Zeiten hat sich das sittliche Gefühl damit zurechtgefunden, wenn unter bestimmten Voraussetzungen an Stelle der proportionalen Vergeltung Nachsicht, Verzeihung, Gnade waltete. In mannigfachen Formen hat das Mitleid auch in dieser Sphäre seine Rolle gespielt und nicht bloss Milderungen der nach dem Gesetze verwirkten und an sich als gerecht betrachteten Strafen, sondern auch gänzlichen Erlass derselben erzwungen. Das sittliche Volksgefühl verträgt sich damit unter analogen Voraussetzungen, wie sie nach religiösen Vorstellungen eine Verzeihung von Sünden zu begründen vermögen, unter Verhältnissen nämlich, wo Reue, freiwillige Genugthuung oder Aussicht auf Besserung im Falle der Gnade sie verträglich machen mit der Geltung der verletzten Gebote und den Zwecken, welchen diese dienen. Und der Erlass verdienter Strafen fand und findet ferner Beifall mit Rücksicht auf allgemeine Interessen, welche mit den in der verletzten Vorschrift zum Ausdruck gelangten oder mit der unbedingten Geltendmachung der Sanktionen dieser letzteren unter gegebenen Verhältnissen collidiren. Jedes Gesetz ist sammt seinen Sanktionen ein Ausdruck menschlicher Interessen von relativem Werthe, welchem andere Interessen von ähnlichem Werthe entgegentreten können, und die Konsequenz in der Anwendung des Gesetzes und seiner Sanktionen, für die Regel durch ihren Zweck gefordert, kann ausnahmsweise zur Untugend und zur Thorheit werden. Dementsprechend hat das Volksgewissen sich wohl nirgend dagegen aufgelehnt, wenn zum Zwecke der Versöhnung von Parteien, zur Befestigung des öffentlichen Friedens oder einer bestimmten Verfassung das Recht der Strafe durch das der Gnade, speziell in Gestalt einer viele Verschuldungen zugleich umfassenden Amnestie verdrängt wurde. Die Bemühungen aber, diese Thatsachen und das Recht der Gnade überhaupt mit jenem kategorischen Imperativ in Einklang zu bringen, laufen (auch bei Kant) auf wunderliche und leicht zu durchschauende Sophismen hinaus.

Wie erklärt sich nun aber diesem Sachverhalte gegenüber das Hervortreten und das zähe, in wechselnden Gestalten sich erhaltende Leben jener absoluten Vergeltungstheorien?

M. E. haben sie eine zwiefache psychologische Wurzel. Die eine liegt in dem früher besprochenen Interesse an einer unseren Werthanschauungen entsprechenden Gegenwirkung gegen gute und böse Thaten, die andere in den ethischen und religiösen Empfindungen und Vorstellungen, welche sich mit der Ausbildung einer obrigkeitlichen Gewalt entwicklungsgeschichtlich verbunden haben.

Jenes Interesse wird um seiner ethischen Färbung willen als ein unbedingtes gedeutet und verwandelt sich im Bereiche dogmatischer Philosophie in ein absolutes Vernunftgebot. Nun ergeben sich hier aber Schwierigkeiten, bei deren vermeintlicher Überwindung jene zweite Vorstellungsreihe Dienste leistet. Es ergibt sich nämlich, dass jenes Interesse keineswegs in allen seinen Bethätigungs- und Befriedigungsformen auf Gutheissung innerhalb einer civilisirten Gesellschaft rechnen kann. In gewissen Formen führt es vielmehr zu Kollisionen mit anderen ebenfalls als legitim geltenden Interessen und nach Umständen mit Moralvorschriften und mit dem Strafgesetze. Die christliche Religion verwirft die private Geltendmachung desselben bekanntlich ganz und gar. Hieraus aber folgt, dass diesem Interesse an sich nur ein relativer Werth beigemessen werden kann, und es ist nicht abzusehen, wie dieser Werth durch andere Formen der Bethätigung des Interesses zu einem absoluten werden könne. Wird daher für diese andere Formen seiner Bethätigung ein unbedingter Werth und eine unbedingte ethische Nothwendigkeit behauptet, so kann die Begründung dafür nicht in der Beschaffenheit des Interesses selbst, sondern nur in dem geistigen Zusammenhange gesucht werden, welchem diese besonderen Formen, d. i. die Formen der staatlichen Strafe, angehören.

Hier nun besteht nur diese Alternative: das Rächeramt der staatlichen Obrigkeit auf einen göttlichen Auftrag zurückzuführen, dem als einem unbedingt verpflichtenden weder das Mitleid, noch irgend welche reale Interessen sich entgegensetzen dürften, oder den Rechtsvorschriften selbst, um deren willen gestraft wird, einen absoluten Werth zuzuerkennen, der sich dann auf die Sanktionen, ohne welche sie nicht zu denken sind, miterstrecken würde.

Beide Annahmen aber gehören dem Bereiche eines wissenschaftlich nicht legitimirbaren Glaubens an. Die erste steht überdies im Widerspruch mit den christlichen Vorstellungen von himmlischer Gerechtigkeit und Gnade, auf welche hingewiesen worden ist, die zweite mit unserem Wissen von den Bedingungen, unter welchem Rechtsvorschriften entstehen, ihren Inhalt verändern und untergehen.

Im Bereiche der Doktrin aber hat sich die Vergeltungsidee mit den absoluten Strafrechtstheorien in einer Weise associirt, dass die Gegner der letzteren regelmässig zugleich jene Idee bekämpfen und mit den Argumenten, welche sie gegen diese Theorien vorbringen, zugleich diese Idee überwunden zu haben meinen, und bzw. dass, was sie gegen die Vergeltung schlechtweg vorbringen nur einen Sinn hat im Hinblick auf jene Theorien. Als wenn Vergeltung keine Vergeltung wäre, wenn sie nicht auf Grund eines kategorischen Imperativs erfolgt!

Im vorigen Jahrhundert galt dieser Kampt vor Allem der theologisch begründeten absoluten Theorie, oder vielmehr (wenn wir auf die praktische Triebfeder sehen) der Stütze, welche eine den humanen Tendenzen des Zeitalters nicht entsprechende, vielfach barbarische Strafgesetzgebung an ihr fand. Die Theologie ist in dieser Sphäre wie in einigen anderen durch die speculative Philosophie abgelöst worden, und seitdem schweben bei der Bekämpfung der Vergeltungsidee in der Regel diejenigen Formen derselben vor, in welchen sie bei dieser Philosophie Vertretung gefunden hat. So auch bei den Bestrebungen, von welchen wir unseren Ausgang genommen haben und zu welchen wir uns nun zurückwenden wollen.

Ihre Bedeutung begründet sich aber nicht in diesem besonderen Gegensatze, sondern in den Tendenzen, welche bei Gelegenheit des Ankämpfens gegen die Vergeltung zum Ausdruck gelangen oder sich ankündigen, in den Konsequenzen des dabei eingenommenen Standpunktes und in denjenigen Zuständen und Richtungen des heutigen Geisteslebens, mit welchen jene Tendenzen causal verbunden sind.

Vergegenwärtigen wir uns hier zunächst bestimmter als bisher geschehen ist, diese Konsequenzen.

5.

Wir haben gesehen, dass der Vergeltungsgedanke Zweckbeziehungen nicht aus- sondern einschliesst. Die Geschichte des Strafbegriffs ist eine Entfaltung dieses Gedankens, und die Fülle gleichzeitig und nacheinander hervortretender Zweckvorstellungen, die in ihr eine Rolle gespielt haben, sind aus ihm wie eine tausendblätterige Pflanze aus ihrem Keime hervorgewachsen. Die allgemeine Gegenüberstellung von Vergeltungs- und Zweckgedanke hat daher keinen Sinn.

Die Vorstellungen, die bei dieser Gegenüberstellung zu Grunde liegen, enthalten nur eine Verneinung gewisser Elemente des ersteren Gedankens (deren Zweckbeziehungen man nicht wahrzunehmen vermochte) und eine einseitige Betonung des Rests.

Verneint wird dabei, wie aus den Mittheilungen unter 1. hervorgeht, die Beziehung der Strafe auf die selbständige Bedeutung der verbrecherischen Handlung als einer Verletzung der Rechtsordnung und der von ihr repräsentirten Interessen und Willen, im Unterschiede von derjenigen Bedeutung, welche ihr als einem Anzeichen irgendwie gefährlicher Eigenschaften oder Zustände des Handelnden zukommt. Im bisherigen Rechte aber war die erstere Rücksicht in erster Linie entscheidend:

1. in Bezug auf die Ausdehnung des strafrechtlichen Gebietes,

2. in Bezug auf die Unterscheidung der Deliktsbegriffe und die Abstufungen des Strafmaasses,

3. in Bezug auf die Schranken, welche der obrigkeitlichen Strafgewalt den Einzelnen gegenüber gezogen sind.

Ein Richtmaass gaben hiebei überall die im Vorigen erwähnten Werthanschauungen an die Hand, welche vor Allem der hier hervorgehobenen Bedeutung rechtswidriger Handlungen entsprechen.

Jene zweite Rücksicht (auf die symptomatische Bedeutung der Verbrechen) machte sich dagegen vornehmlich bei der Ausgestaltung der Strafen innerhalb der durch die erstere Rücksicht bestimmten Grenzen geltend, ohne dass die Gesetzgebung jedoch überall die beiden Gesichtspunkte, was die Natur der Sache auch nicht zulässt, scharf auseinandergehalten hätte. U. A. aber findet dieser Sachverhalt einen Ausdruck in der Art wie die Wirkungssphären der Gerichte und der Verwaltung im Bereiche der Strafrechtspflege gegeneinander abgegrenzt sind und in der Beschränkung des Einflusses der Strafvollzugsbehörden auf die *Dauer*, im Gegensatze zu ihrem Einflusse auf eine individualisirende Ausgestaltung der Freiheitsstrafen.

Suchen wir nun genauer, in Ergänzung des unter 1. beigebrachten, die Konsequenzen festzustellen, welche sich aus der völligen Verneinung des ersterwähnten Gesichtspunktes in den drei angegebenen Beziehungen ergeben würden. Wenn nämlich damit Ernst gemacht werden sollte! Ich bin mir bewusst, dass zahlreiche Bekenner des neuen Glaubens diese Konsequenzen zu gutem Theile im Ernste nicht ziehen würden. Allein es ist klar, dass dies vielleicht zu ihren Gunsten, aber nicht zu Gunsten ihres Standpunktes sprechen und für die Würdigung desselben, die uns hier obliegt, nicht entscheidend sein könne.

1. Es bedarf geringen Nachdenkens, um zu erkennen, dass die Abgrenzung der Handlungen, welche mit Strafen verbunden werden sollen, sehr verschieden ausfallen muss, je nachdem wir den ersten oder den zweiten der aufgestellten Gesichtspunkte zum Ausgang nehmen. Machen wir den zweiten, wie die Gegner wollen, zum allbeherrschenden, so ergibt sich im Verhältniss zum geltenden Strafrecht (als in welchem der erste prävalirt) in bestimmten Richtungen eine engere Begrenzung, in anderen eine weitere Ausdehnung des strafrechtlichen Gebietes.

a) Eine engere Begrenzung. Eine überaus grosse Zahl von Übertretungen und Vergehen würden straflos zu lassen sein, weil sie entweder ihrer Art nach oder unter den gegebenen Verhältnissen keinen Beweisgrund dafür enthalten, dass der Handelnde als ein von Staatswegen zu besserndes oder unschädlich zu machendes Individuum anzusehen sei. Man kann H. Seuffert zugeben, dass bei *schweren* Verbrechen sich trotz etwaiger aufrichtiger Reue des Thäters auch von seinem Gesichtspunkte aus ein staatliches Einschreiten für die Regel (aber keineswegs immer) rechtfertigen lassen würde. Aber für tausende von Deliktsfällen geringerer Schwere gilt dies nicht. Wenn heute derjenige mit Strafe bedroht wird, der im Frühjahr das gebotene Raupen unterlässt, oder die Polizeistunde übertritt, oder den Bestimmungen über Schliessung der Weinberge zuwiderhandelt etc., so geschieht dies offenbar nicht, weil der Gesetzgeber von einem solchen Menschen voraussetzen würde, dass er sozial gefährlich und deshalb einer Korrektur bedürftig sei, sondern lediglich deshalb, weil die in Betracht kommenden Vorschriften einer Sanktion bedürfen, die hier nur in der Verknüpfung eines grösseren oder kleineren Uebels[1]) mit ihrer Verletzung

[1]) Ich erwarte nicht den Einwand, obgleich einzelne Äusserungen in gegnerischen Abhandlungen an denselben anklingen, dass bei den geringen Strafen, wie sie bei Übertretungen der erwähnten Art in Betracht kommen, der Begriff einer vergeltenden Strafe unanwendbar sei, da das Maass und die Intensität der Gegenwirkung gegen missbilligte Handlungen für diesen Begriff nicht entscheidend sein können. Manche denken

gefunden werden kann. Von etwaigen gefährlichen Zuständen des Handelnden ist dieses Bedürfniss durchaus unabhängig. Es ist daher unmöglich, dass diejenige Ausdehnung des strafrechtlichen Gebietes, welche durch dasselbe begründet wird, mit derjenigen zusammenfalle, welche die ausschliessliche Rücksicht auf jene Gefährlichkeit an die Hand geben würde. Wie nun? Sollen diejenigen rechtlichen Gebote, deren Verletzung für eine soziale Gefährlichkeit des Handelnden nicht beweisend ist, ihrer Sanktion beraubt, oder was dasselbe, beseitigt werden?

Sollen überhaupt die Strafsanktionen des Rechts, da sie mit dem in Frage stehenden Gesichtspunkte an sich nichts zu thun haben (s. oben unter 4), als solche entfallen?

b) Eine weitere Ausdehnung. Die Gefährlichkeit eines Menschen für die gesellschaftliche Ordnung kann durch mancherlei Umstände beglaubigt werden, welche keinen unserer Deliktsbegriffe als anwendbar erscheinen lassen würden. Möglicherweise eine viel grössere Gefährlichkeit, als sie durch Dutzende von Übertretungen bekundet werden würde. Alle diejenigen z. B., welche sich zu den Lehren und Bestrebungen irgend einer der verschiedenen socialrevolutionären Gruppen

---

freilich bei dem Worte Vergeltung nur an blutige Rache, an das „Auge um Auge" des alten Testaments oder an die Höllenstrafen und ihre Analoga. Aber derlei Vorstellungen haben mit den hier behandelten Kontroversen nichts zu schaffen.

bekennen, sind hierdurch als gefährlich für die bestehende Gesellschaftsordnung charakterisirt, ganz unabhängig davon, ob ihnen der „Anfang der Ausführung" eines mit ihren Bestrebungen zusammenhängenden verbrecherischen Entschlusses nachgewiesen werden kann. Das Häuflein der russischen Nihilisten repräsentirt gewiss eine grössere Gefahr für die russische Staatsordnung, als alle die Tausende von armen Teufeln, die wegen Holzfrevel oder anderer Bagatelldelikte dort wie anderwärts jährlich mit Strafen heimgesucht werden müssen, und die Gesinnungsgenossen Ravachols sind social gefährlich, unabhängig davon, ob ihnen erweislich bereits ein kriminalistisch fassbares Attentat ge- oder misslungen ist oder nicht. Das überlieferte Strafrecht aber setzt, dem Vergeltungsgedanken gemäss, bei seinen Strafdrohungen eine Verschuldung voraus, und findet diese weder in blossen Symptomen einer gefährlichen Gesinnung, noch in dieser Gesinnung selbst begründet. Für das Strafrecht der neuen Schule würde dagegen kein Grund vorliegen, sich in dieser Weise zu beschränken. Es würde vielmehr sich selbst widersprechen, wenn es die gefährlichsten Feinde der bestehenden Ordnung in solange straflos liesse, als die Beweisgründe für ihre Gefährlichkeit nicht die Form eines der bisherigen Deliktsthatbestände annehmen würden, da diese Thatbestände ja vom Standpunkt der Vergeltungsstrafe gebildet sind und mit dem Strafrecht der neuen Horizonte in keinem logischen Zusammenhange stehen.

Da es ferner nach diesem überall nicht auf eine Verschuldung ankommen würde, sofern man nicht Gefährlichkeit und Verschuldung als identisch betrachten will (s. unter 1), so würden die Grundsätze über die Zurechnungsfähigkeit ihre Bedeutung einbüssen und die durch sie bestimmten Grenzen des Strafrechts sich verwischen. Denn die zu Gewaltthaten disponirten Irrsinnigen gehören unzweifelhaft zu den gefährlichsten Individuen. Daher findet sich denn auch bei den konsequenteren Vertretern dieses Standpunkts eine „Lossage von der hergebrachten Unterscheidung von Zurechnungsfähigen und Unzurechnungsfähigen“ (Züricher), und bezw. eine Einreihung der irrsinnigen Übelthäter unter die Verbrecher (Ferri). Auf Willensfreiheit, Verantwortlichkeit, Schuld u. dergl. wird es also in diesem Strafrecht der Zukunft nicht ankommen, der ganze ethische Unterbau, den das heutige besitzt, wird abgetragen werden. Dass dabei Konflikte mit dem moralischen Volksgefühl sich ergeben müssten, kann wohl nicht verkannt werden. Es scheint aber, dass in der Überwindung derartiger Faktoren gerade die eigenthümliche Kraft und Grösse des modernen Zweckgedankens sich offenbaren soll.

2. Nach dem symptomatischen Gesichtspunkte müssten die Deliktsarten mit Rücksicht auf die

verschiedene Art und das verschiedene Maass der Gefährlichkeit des Handelnden und bezw. mit Rücksicht auf die verschiedenen Korrekturmethoden, welche bei ihnen angewendet werden sollen, unterschieden werden. Es ist aber leicht zu erkennen, dass die Abgrenzungen und Unterscheidungen der Deliktsarten in unseren Gesetzen in der Hauptsache nicht nach diesem Gesichtspunkte gemacht sind, und an diesem gemessen nur einen geringen Werth in Anspruch nehmen können. So hat es z. B. diesem gegenüber wenig oder gar keine Bedeutung, ob die Handlung eines Delinquenten die Merkmale eines Diebstahls, oder diejenigen einer Unterschlagung, einer Hehlerei, einer Untreue oder diejenigen einer Erpressung an sich trägt, und die Arbeit unserer Gerichte, welche sich auf Feststellung der Anwendbarkeit des einen oder des anderen dieser Begriffe richtet, würde im Ganzen als eine unnütze zu betrachten sein.

Vor Allem aber würden die gesetzlichen Strafmaasse anzufechten sein. Denn diese sind ein Ausdruck für Schuldgrössen im Sinne der bisherigen Rechtsanschauungen (s. oben unter 2) und lassen zumeist nur einen geringen oder auch gar keinen Zusammenhang mit der Frage erkennen, durch welche Mittel aus einem social gefährlichen Menschen ein ungefährlicher gemacht werden könne. Wenn etwa die vorsätzliche Sachbeschädigung mit Gefängniss bis zu zwei Jahren, der grobe Unfug mit Geldstrafe bis zu 150 Mark etc. bedroht wird, so hat dies wenig mit der Frage zu thun, binnen welcher Zeit Sachbeschädiger oder durch welches Maass erziehlicher Einwirkung Ruhestörer social ungefährlich gemacht werden können.

Ebenso verhält es sich mit der richterlichen Straffeststellung, die ja nur eine Ergänzung der gesetzgeberischen Arbeit in deren Geist dem einzelnen Falle gegenüber sein soll.

Der symptomatische Werth bestimmter Deliktsarten lässt sich in der Weise unserer gesetzlichen Maassbestimmungen überhaupt nicht zum Ausdruck bringen. Wer diesen Werth etwa bei Sachbeschädigung oder grobem Unfug auf einen abstrakten Ausdruck bringen wollte, von dem würde jenes „Suchen und Tappen in der Unendlichkeit“ gelten, von welchem H. Seuffert mit Bezug auf die vergeltende Strafe spricht. Und auch die konkrete That, welche dem Richter vorliegt, lässt nur ein sehr unsicheres Urtheil über das Maass der Gefährlichkeit des Handelnden und der bei ihm anzuwendenden Korrektionsmittel zu. Also fort mit dem gesetzlichen, fort mit dem richterlichen Strafmaass! So muss hier die Devise lauten. Das ist denn auch von Kräpelin („die Abschaffung des Strafmaasses“) und Anderen anerkannt und mit Entschiedenheit geltend gemacht worden.

3. Die Begrenzung der Strafe nach dem Werthe, welchen die Volksanschauungen den verschiedenen verbrecherischen Thaten bezüglich ihrer Bedeutung für die Rechtsordnung beimessen, gehört zu denjenigen Elementen unseres öffentlichen Rechts, welche für den Bestand bürgerlicher Freiheit entscheidend sind. In den bezüglichen Maassbestimmungen liegt ein Kompromiss zwischen dem Sicherheitsinteresse der Gesellschaft und dem Freiheitsinteresse ihrer Glieder (s. oben unter 2). Setzen wir dort an die Stelle der Thaten schlechtweg die Personen, von welchen sie ausgehen, mit ihren Eigenschaften und Zuständen, so entfallen die Schranken, welche jene Maassbestimmungen zu Gunsten des Freiheitsinteresses aufrichten. Es findet nicht etwa eine blosse Verrückung derselben statt. Vielmehr würde es überhaupt unmöglich sein, derartige Schranken von gleicher Erkennbarkeit und Bedeutsamkeit zu schaffen und mit gleichwiegenden Rechtsgarantien zu umgeben. Wohl will H. Seuffert „dem Walten der Strafrechtspflege nach wie vor eine Schranke durch das Gesetz gezogen wissen", aber er belehrt uns nicht darüber, wie dieselbe im Einklang mit seinem Standpunkte in wirksamer Weise hergestellt werden könne. Die moderne Ausprägung des Zweckgedankens, auf welche er verweist, eröffnet uns hier keinen Weg; und zwar um so

weniger, als eine besondere Werthschätzung der Persönlichkeit auch im Verbrecher keineswegs charakteristisch für die neue Bewegung ist. Mag man im Übrigen das Interesse der Einzelnen, nicht ohne Noth, nicht länger und nicht intensiver als nöthig als social gefährlich behandelt zu werden, noch so sehr betonen, dasselbe würde bei dem Mangel zuverlässiger objektiver Kriterien für Existenz, Maass und Dauer solcher Gefährlichkeit niemals in dem Maasse richterlichem Schutze zugänglich sein, wie dasjenige Interesse, das bisher hier im Vordergrunde stand, das Interesse nämlich, nur im Falle einer Verschuldung, nur in einer dieser Verschuldung (im Sinne der im Gesetze verkörperten Werthurtheile) entsprechenden Weise und nur auf Grund einer Anwendung gesetzlicher Begriffe auf prozessualisch festgestellte Thatbestände bestraft zu werden.

Das spezifisch richterliche Geschäft würde seine Bedeutung einbüssen, der Richter hinter der Verwaltung verschwinden. Wir würden in Deutschland wohl nicht die Brutalitäten zu befürchten haben, welche sich in Russland mit dem Institut der administrativen Verschickung verbinden, aber Institute von verwandtem Charakter würden sich bei uns einbürgern können, ohne dass sich vom Standpunkte des modernen Zweckgedankens, wie wir ihn hier kennen gelernt haben, begründete Einwendungen dagegen erheben lassen würden.

Dieser Sachverhalt macht sich denn auch in Schriften, welche der charakterisirten Richtung angehören, in verschiedener Weise bemerklich. Hierher gehört eine gewisse Abneigung gegen die Rechtsgarantien, welche das heutige Prozessrecht den Angeklagten in der oben bezeichneten Richtung darbietet. Sie tritt in Schriften der neuen italienischen Schule deutlich hervor. So bekämpft Ferri die Verzögerung rechtskräftiger Verurtheilung durch das Kassationsverfahren, die allgemeine Öffentlichkeit des Gerichtsverfahrens, die häufige Befreiung der Angeklagten von der Untersuchungshaft etc.

Nach Allem ist klar, dass die Bewegung, falls sie durchdringen sollte, eine tiefgehende Veränderung unseres Rechtszustandes begründen und denselben zugleich solcher Bestandtheile berauben würde, welche bisher als besonders werthvoll und als eng verknüpft mit den Bedingungen unseres Kulturlebens angesehen wurden.

Wie erklärt sie sich aber? Woher dieses Ankämpfen gegen die nach der That bemessene Strafe, dieses Eliminiren des Schuldbegriffs, diese Gleichgültigkeit gegen die Rechtsstellung des Einzelnen? Und wie erklärt sich die rasche Ausbreitung von Anschauungen, deren Einseitigkeit und deren Missverhältniss zu dem überlieferten Ethos aller Kulturvölker so leicht erkennbar ist?

Versuchen wir es, den geistigen Zusammenhang zu bestimmen, in welchem diese Erscheinungen möglich wurden.

6.

Der Kampf gegen die vergeltende Strafe hängt zusammen mit einer gewissen Verblassung der Vorstellungen, welche sich bisher mit ihr im Bewusstsein der Völker und in den Theorien verbunden und ihr eine höhere Weihe verliehen haben. Vor Allem gehören dahin die Vorstellungen von einer ethischen Selbstherrlichkeit des Individuums, von seiner Verantwortlichkeit und deren Voraussetzungen und von Verdienst und Schuld. Alle Diejenigen, welche von dieser Verantwortlichkeit nichts wissen wollen und dem Begriffe der Schuld keine Bedeutung beimessen, sind, wie begreiflich, Gegner der Vergeltungsstrafe, und Alle, welche sie bekämpfen, bekämpfen in ihr, wie immer sie ihr Verhalten motiviren mögen, eine Form, in welcher die individuelle Verantwortlichkeit einen praktischen und zwar ihren auffälligsten Ausdruck findet.

Im vorigen Jahrhundert war es damit freilich nicht sehr ernst gemeint. Die Verwerfung der Vergeltungsidee galt damals, wie schon gesagt wurde, in der Hauptsache nur ihrer theologischen Einkleidung und war bloss ein Mittel im Kampfe der

Humanisirung des Strafrechts. Eine bestimmte Rechenschaft über Voraussetzungen und Konsequenzen dieser Verwerfung gab man sich nicht, und die herrschenden ethischen Ideen schlossen es aus, dass diese Konsequenzen, wenn man ihrer gewahr geworden wäre, eine Bejahung in weiteren Kreisen, wenigstens der gelehrten Welt, gefunden haben würden. Gewissen Tendenzen des absoluten Wohlfahrtsstaates würden diese Konsequenzen freilich durchaus entsprochen haben.

Dies Alles aber verhält sich heute anders. Nicht bloss die theologischen Vorstellungen, welche sich mit dieser Idee verknüpft haben, sondern die überlieferten ethischen Vorstellungen überhaupt sind innerhalb weiter Kreise einem Zersetzungsprozess verfallen und vor Allem ist jene Selbstherrlichkeit des Individuums ein Gegenstand der Skepsis oder auch völliger Verneinung geworden.

Zweierlei Gedankenbewegungen haben zusammentreffend dieses Ergebniss herbeigeführt, eine antiindividualistische, einseitig sociale und eine materialistische.

Zunächst ein Wort über die erstere. Ich denke dabei an alle Theorien und Anschauungsweisen, welche das Individuum lediglich in seiner Abhängigkeit von dem socialen Medium, in dem es sich entwickelt und lebt, erscheinen lassen. Ihre Ausbreitung ist für unser Jahrhundert charakteristisch. In der Aufklärungszeit steht im Allgemeinen die Autonomie des Individuums im Vordergrunde der theoretischen Betrachtung, Vernunft und Wille des Einzelnen gelten als die suveränen Bildner von Staat und Gesellschaft. Die Rechtsphilosophie dieses Zeitalters mit ihrer Lehre vom Staatsvertrag, von den Urrechten der Persönlichkeit und von der dem Staate zu stellenden Aufgabe, sich auf die Verwirklichung der gleichen äusseren Freiheit Aller zu beschränken (Kant, der junge Fichte, Wilhelm von Humboldt) enthält dafür den sprechendsten Ausdruck. Mit ihr harmonirten die Nationalökonomie Adam Smiths, die Ethik Kants und die Ideale unserer klassischen Dichtung. Seit der Restaurationszeit gewinnen, während gleichzeitig die Rechtsphilosophie der Aufklärungszeit in der Ausbildung des liberalen Rechtsstaats Triumphe feiert, allmählig Tendenzen in weiteren Kreisen, zunächst der gelehrten Welt das Übergewicht, welche das Verhältniss umkehren, und nach welchen das Individuum als ein blosser Schössling der Gesellschaft anzusehen wäre, oder welche irgendwie auf eine Nullificirung desselben im Bereiche der ethischen, der socialen oder der Rechtswelt gerichtet sind. In solchen Tendenzen trafen und treffen Vertreter verschiedenster Wissenschaften und verschiedener Heerlager innerhalb einer jeden derselben zusammen. Sie machen sich u. A. in der Hegel'schen Rechtsphilosophie ebenso wie bei der historischen

Rechtsschule, der „organischen Staatslehre", bei denjenigen unserer Ethiker, welche Zwecke der Gesellschaft als die alleinigen Erzeuger des gesammten Ethos betrachten, und bei der Mehrzahl unserer Nationalökonomen und Sociologen und selbstverständlich bei unseren Socialisten geltend.

Nach dem Gesammteindruck, welchen die bezüglichen Theorien hervorbringen, haben wir in der Einzelpersönlichkeit ein Wesen zu sehen, in welchem seine Nation, Race und Gesellschaftsklasse denkt und empfindet, und zwar unter dem Einfluss der Existenzbedingungen dieser Einheiten.

Mit dieser Grundauffassung würde eine Betrachtung der Verbrechen unter dem ausschliesslichen Gesichtspunkte eines socialen Deficits, eines Deficits in den Lebensfunktionen des socialen Körpers harmoniren.

Mit der Verantwortlichkeit des Einzelnen kommen wir dabei naturgemäss ins Gedränge. Ist die Seele des Individuums ein Stoff, den die Gesellschaft zu ihren Zwecken formt, so kann sie dort wo ihre gestaltende Kraft das Ziel verfehlt, ein missrathenes Gebilde als unbrauchbar verwerfen, aber verantwortlich für seine Mängel kann sie dasselbe ebensowenig machen, wie der Künstler die Kunstwerke, die seinen Absichten nicht entsprechen. Ist die Moral lediglich ein Produkt socialer Kräfte, eine Triebkraft, welche die Gesellschaft dem Einzelnen einpflanzt und durch welche er mit seinem Thun und Treiben in Wege und Richtungen gezwungen werden soll, die ihren Interessen entsprechen, so ist das Verdammungsurtheil, das sie über den Verbrecher fällt, im Grunde nur ein Urtheil über ihre eigenen Leistungen, demjenigen des Mechanikers vergleichbar, der eine Maschine zerstört, weil es ihm nicht gelungen ist, ihr das richtige Räderwerk einzufügen.

Mit diesen Folgerungen aber befinden wir uns in dem Mittelpunkt der „neuen Horizonte“ unserer jüngsten Kriminalistenschulen. Denn die Strafe soll ja nach diesen nichts anderes sein, als ein Versuch der Korrektur eines den socialen Zwecken nicht entsprechend gerathenen Individuums und bzw. eine Ausstossung des diesen Zwecken nicht mehr anzupassenden.

In eigenthümlicher Form und mit besonderer Schärfe kommt die erwähnte Ansicht vom Verbrechen bei unseren Socialisten zum Ausdruck. Die Verbrechen sind nach ihnen lediglich eine Konsequenz der bestehenden gesellschaftlichen Organisation, ein Ausdruck ihrer Mängel, ihrer Ungerechtigkeit. Wie andere Ungleichheiten zwischen den Menschen, so sind die zwischen Verbrechern und ehrlichen Leuten lediglich durch diese Organisation hervorgebracht und werden mit ihr schwinden. „Der verkommenste im Schmutz sich wälzende Lump“, so erklärte jüngst der „Vorwärts“, der „Pennbruder, ... Spitzbube, Einbrecher, sie sind Alle Opfer der Gesellschaft und für sie Alle wird der grosse Befreiungskampf gekämpft.“ Individuelle Verschuldung schwindet bei dieser Betrachtung ebenso wie individuelles Verdienst, und nicht die Gesellschaft ist berufen, Anklage zu erheben gegen den Verbrecher, sondern dieser gegen die Gesellschaft. Nicht jener soll ans Kreuz geschlagen werden, sondern diese, die ihn zum Verbrecher gemacht hat[1]).

Die Gesammtheit dieser Theorien und der unter ihrer Einwirkung entstandenen Forschungen hat einen wohlthätigen Einfluss bisher insofern ausgeübt, als sie das Verantwortlichkeitsgefühl der Gesellschaft dem Verbrecherthum gegenüber, ein Verantwortlichkeitsgefühl, das ja zweifellos tief begründet ist, belebt hat. In diesem Punkte berührt sich ihr Einfluss mit demjenigen der Demokratisirung unserer Einrichtungen. Der Umstand, dass das Verbrechen in den Zuständen der unteren Klassen einen günstigeren Nährboden findet, hat dereinst nur dazu beigetragen, das Gefühl von einer auch dem Verbrecher gegenüber bestehenden Verantwortlichkeit zu mindern, da man in ihm den Repräsentanten

[1]) Auch im vorigen Jahrhundert sind derartige Gedanken wohl mehrfach geäussert worden, aber ausser Zusammenhang mit entwickelteren Theorien oder verbreiteteren Anschauungen. So von dem Revolutionsmanne J. P. Marat in dessen „Plan de la législation en matière criminelle“ (vgl. Günther l. c. II S. 194).

einer fremden Klasse sah, mit der man sich durch Bande der Solidarität nur in geringem Maasse verknüpft fühlte. Heute, wo die Massen auf die Bildung des Gemeinwillens und der öffentlichen Meinung in mannigfacher Weise Einfluss gewonnen haben, und die allgemeine Aufmerksamkeit beständig auf ihre Zustände und deren causale Verhältnisse zu der gegebenen Organisation der Gesellschaft gerichtet ist, erhöht umgekehrt der Zusammenhang des Verbrecherthums mit diesen Zuständen jenes sociale Verantwortlichkeitsgefühl.

Aber jene theoretische Bewegung zielt über diesen an sich zweifellos erfreulichen Erfolg hinaus auf die völlige Verneinung individueller Verantwortlichkeit und damit auf die Zerstörung der Fundamente nicht bloss unseres Strafrechts, sondern jeder möglichen Rechtsordnung überhaupt. Und darin tritt ihre Einseitigkeit zu Tage.

Es ist hier nicht der Ort, die einschlagenden Theorien kritisch zu beleuchten. Ich begnüge mich damit, diese Einseitigkeit im Allgemeinen zu bezeichnen. Sie liegt in einer Unterschätzung des Selbständigkeitstriebes und der eigenen Bedeutung der Einzelpersönlichkeit. Alles Leben und aller Fortschritt der Völker beruht ja im letzten Grunde auf dem Gegeneinanderwirken von Einzelpersönlichkeit und Gesellschaft; darauf, dass das individuelle Bewusstsein nicht lediglich die umgebende sociale Welt, wie der Bach den

Wald, den er durchfliesst, spiegelt, sondern einen eigenen Bildungstrieb, einen selbständigen Quellpunkt geistigen Lebens in sich schliesst, in welchem die Gestalten, die uns als Sitte und Recht gegenübertreten, letztlich ihren Ursprung haben. Es sind uns dem Wesen nach keine fremden Gewalten. Die socialen Imperative würden nie eine Herrschaft über die Einzelpersönlichkeit gewonnen und sich nicht in Imperative ihres eigenen Gewissens verwandelt haben, ohne die Veranlagung zu einem entgegenkommenden Wollen. In dem „ich soll", wo es als bindend empfunden wird, steckt ein „ich will", das als eine zarte Pflanze unter der schützenden Hülle jener Imperative zu selbständiger Kraft gedeiht. Daher ist es Geist von unserem Geiste, der uns in den Gesetzen anspricht, uns im richterlichen Urtheil jetzt über einen Gegner siegen und jetzt unterliegen lässt und gegen rechtswidrige Handlungen Vergeltung übt[1]). Und es ist mit Nichten ein Widerspruch, wie man angenommen hat (Lammasch), wenn man für Verbrechen die Thäter verantwortlich

[1]) Wäre es anders, so würden diejenigen Recht haben, welche mit von Kirchmann das Absterben der Moral und mit Rée den Untergang des individuellen Gewissens in Folge der Verbreitung der Kenntniss von dem Ursprung der Moral voraussagen. Sie deuten den Zersetzungsprozess, auf welchen im Texte hingewiesen worden ist, zu ihren Gunsten. Aber dieser wird das Wesen der Sache bestehen lassen und bedroht nur die Macht überlieferter Vorstellungen, die sich mit ihr verbunden haben, aber nicht mit ihr identisch sind.

macht, ohne die Gesellschaft, die auf die Bedingungen des Verbrechens beständig einen weitreichenden Einfluss ausübt, von Verantwortung freizusprechen.

7.

In der Gegenwart berührt sich die einseitig sociale Gedankenrichtung vielfach mit dem Einfluss, welchen die Naturwissenschaften auf das Denken der modernen Gesellschaft ausüben, und mit dem Bestreben, die Ergebnisse anthropologischer Forschung und zugleich eine, unter jenem Einfluss sich ausbreitende materialistische Weltansicht für die Geisteswissenschaften und speziell für Ethik und Strafrecht fruchtbar zu machen. So in den Arbeiten der schon erwähnten anthropologischen Kriminalistenschule Italiens, der Schule Lombroso's, und in Arbeiten ihr mehr oder weniger nahe stehender deutscher, französischer und russischer Gelehrten.

Erscheint den Socialisten das Verbrechen als ein sociales Erzeugniss, so diesen Anthropologen als ein Naturprodukt, als eine physiologisch begründete Funktion.

Nach Lombroso sollten die Verbrecher bekanntlich eine besondere anthropologische Spezies bilden, welche, durch körperliche und geistige, morphologische und funktionelle Eigenthümlichkeiten charakterisirt, inmitten der civilisirten Gesellschaft auf Grund einer Rückschlagsbildung zur Erscheinung gelangt. Diese Ansicht wird zur Zeit freilich nur in Bezug auf einen Theil der Verbrecher, die sogenannten geborenen Verbrecher, aufrecht erhalten, in Bezug auf alle aber werden die Konsequenzen einer materialistisch-deterministischen Auffassung gezogen, in Bezug auf alle wird demgemäss die Ansicht geltend gemacht, dass hinsichtlich ihrer Thaten von Zurechenbarkeit und Verantwortlichkeit im Sinne des geltenden Strafrechts nicht die Rede sein könne. Die vergeltende Strafe aber wird jener atavistischen Menschenspezies, als ein Überbleibsel von ihrer Kultur, an die Seite gestellt.

Eine Sturzwelle solcher Anschauungen ist von naturwissenschaftlicher Seite her in unser Gebiet hereingefallen, der ohne Zweifel noch andere folgen werden, und hat bereits in beträchtlichem Umfange intellektuelle Verwüstungen angerichtet. Bei nicht Wenigen hat sie das Gerüste umgerissen, an dem das System ihrer ethischen Anschauungen bisher seinen Halt besessen hatte, und sie sind unvermögend, an Stelle desselben, eines Werkes erziehender Kräfte, aus Eigenem ein haltbareres Gerüste inmitten der Fluth materialistischer Meinungen aufzurichten.

Die Begriffe von Zurechenbarkeit und Verantwortlichkeit, Verdienst und Schuld hatten sich in ihrem Bewusstsein unter dem Einfluss jener Kräfte mit indeterministischen Vorstellungen verknüpft und sind nun mit diesen beim Eindringen der charakterisirten Elemente in ihren Horizont der Auflösung verfallen. Man hatte sie gelehrt, nicht bloss, dass der Mensch die Gebote der Moral und des Rechts, wenn er nur redlich wolle, jederzeit erfüllen könne, sondern auch, dass er diesen redlichen Willen in jedem Momente ebensogut haben könne wie den entgegengesetzten, und dass die Handlungen daher nach freier Wahl aus der Seele hervorgingen, ohne eine Erklärung nach dem Satze vom zureichenden Grunde alles Geschehens zuzulassen. Und dass wir eben desshalb für sie verantwortlich seien. Diese Verantwortlichkeit war daher für sie die Folgerung aus einer indeterministischen Prämisse. Obgleich nun diese intellektuell vollkommen werthlos ist, weil unser Intellekt gar nicht im Stande ist, sie in Gedanken zu realisiren, und ihre Annahme gleichbedeutend ist mit einem Verzichte auf die Anwendung unserer Denkgesetze dem Bereiche menschlichen Handelns gegenüber, so bildete sie doch den Anker, an dem das Schifflein ihrer ethischen Überzeugungen hing, und jene Welle hat Anker und Schifflein weggerissen.

Diese materialistische Gedankenrichtung führt ebenso wie die socialistische zu einer Verwischung der Werthunterschiede zwischen den Menschen und zwischen ihren Thaten und zu einer Nullifizirung der Einzelpersönlichkeit.

So eifert unter ihrer Einwirkung G. Dellmann in einem Schriftchen über „Wissenschaft und Strafrecht" einerseits gegen die strenge Behandlung von Verbrechern und andrerseits gegen die grosse Bewunderung von Leuten wie Winkelried. Es würde freilich konsequenter sein, wenn er jede Bewunderung von Menschen und menschlichen Thaten überhaupt verwürfe.

Eine humanere Behandlung der Verbrecher wird indessen von Vertretern dieser Richtung in der Regel nicht gefordert, meist vielmehr das Gegentheil. Speziell gilt dieses von Lombroso und seinen Anhängern. So sieht Züricher zwar in Befolgung des christlichen Gebots der Nächstenliebe den Führer in der Bekämpfung der socialen Gefahren, verlangt aber mit Garafolo bezüglich der Verbrecherspezies „Ausstossung ohne Rachsucht aber auch ohne Mitleid" und meint, „dass ein besonderer Aufwand für diese uns wenig verwandten Kreaturen nicht gerade nothwendig sein wird" („Die neuen Horizonte im Strafrecht").

Die Lage des Kriminalisten ist eine schwierige geworden. Er bewegt sich zwischen Scylla und Charybdis, der Vergeltungsstrafe der absoluten Theorien und der indeterministischen Ethik einerseits, der Zweckstrafe der neuen Horizonte und der materialistischen Verneinung menschlicher Verantwortlichkeit andererseits, und der Kompass, der mitten hindurch zu steuern gestattet, hat sich bisher nur für wenige als praktikabel erwiesen.

Derselbe liegt in der Einsicht, dass Determinismus und Verantwortlichkeit sich, richtig verstanden, einander genau so wenig ausschliessen, wie Vergeltung und „Zweckstrafe". Aber es ist offenbar schwierig, sich diese Einsicht anzueignen, und der Skeptiker Lichtenberg hatte nicht so unrecht, als er (ungefähr, der Wortlaut ist mir nicht erinnerlich) meinte, dass die Meisten der Wahrheit näher bleiben möchten mit der irrigen Ansicht von der Ursachlosigkeit des menschlichen Handelns, als mit der richtigen gegentheiligen Ansicht, die sie nicht zu deuten im Stande seien. Schopenhauer sah auf der Seite des Indeterminismus nur alte Weiber in Doctorhüten; gewiss mit Unrecht, aber ebenso gewiss ist, dass sich heute solche, und zahlreich genug, auch auf der Gegenseite finden, und mit ihrem Sirenengesang vielleicht eine grössere Anzahl von Intelligenzen zum Scheitern bringen als jene ersteren.

Ich habe jene Verträglichkeit von Determinismus und Verantwortlichkeit[1]) anderwärts

[1]) Die Überzeugung von dieser Verträglichkeit ist alt und man befindet sich mit ihr nicht eben in schlechter Gesellschaft. U. A. tritt sie in den Evangelien hervor. Vgl. Matth. 7, 16 ff.: „Kann man wohl Trauben von Dornen oder Feigen von Disteln sammeln?" „Ein guter Baum kann nicht schlechte Früchte tragen und ein schlechter Baum nicht gute Früchte." Matth. 12,33; Lukas 6, 43 ff.: „Der gute Mensch bringt aus dem guten Vorrathe seines Herzens Gutes hervor" etc. Dass damit die Ver-

nachzuweisen versucht und beabsichtige nicht, an dieser Stelle ausführlicher darauf zurückzukommen. Doch gestatte ich mir einige Bemerkungen über die Lage des Streits.

Es ist der Nachweis versucht worden, dass die Voraussetzungen des Indeterminismus sich mit dem Verantwortlichkeitsprinzip nicht vertragen (Lehrbuch § 28). Es ist, so viel ich weiss, nirgends versucht worden, das darüber Gesagte zu entkräften. Man ist daran vorbeigegangen. So lang man aber jenes nicht vermag, hat man kein Recht, den Determinismus im Namen dieses Prinzips zu bekämpfen. Die Rollen sind vertauscht, der erstere befindet sich auf der Anklagebank.

Ich habe als die Quellen des Verantwortlichkeitsgefühls zu erweisen versucht einerseits das Bewusstsein eigener Causalität und andererseits die Werthurtheile in Bezug auf unsere Handlungen, welche die Gesellschaft ausprägt und in ihren Gegenwirkungen zum Ausdruck bringt und welche die Empfindung des Einzelnen ratihabirt, sowie dass dasselbe seinem Wesen

antwortlichkeit nicht verneint werden soll, bedarf keines Beweises. Die Anschauungen von Augustinus, Luther und anderen Grössen des religiösen Lebens stehen damit im Einklang. Unsere deutschen Denker gehören wohl sämmtlich hierher. Zwar meinen einige wie Kant und Schopenhauer, dass sie dem „liberum arbitrium indifferentiae“ eine Position in dem Jenseits der erscheinenden Welt sichern müssten. Aber dies ist hier gleichgültig. Genug, dass sie bezüglich dieser erscheinenden Welt, der Welt unserer Thaten und unserer Erfahrungen, Deterministen sind und zugleich das Prinzip der Verantwortlichkeit vertreten.

nach auf keine andere Quelle hinweist und von nichts anderem als abhängig erscheint. In die damit eröffnete psychologische Untersuchung ist, so viel ich sehe, keiner der Gegner eingetreten. Man müsste denn die Behauptung dahin rechnen, dass unter den Voraussetzungen des Determinismus von einer Causalität des menschlichen Willens, ja von einem Willen überhaupt nicht die Rede sein könne! Wenn ein Wille seiner Eigenthümlichkeit gemäss wirksam wird und den Verlauf der Dinge in irgend welchem Umfange dieser seiner Eigenthümlichkeit gemäss beeinflusst, so dass Elemente dieses Verlaufs ihre Erklärung nur in ihm finden, so ist die Frage, ob er hiebei als eine wirksame Potenz zu betrachten sei, logischerweise nicht danach zu entscheiden, ob er zur selben Zeit auch eine Wirksamkeit entgegengesetzter Art hätte von sich ausgehen lassen können! Dass sich die Wirksamkeit des Einzelnen dem gesetzmässig verlaufenden Prozess des Weltlebens einfügt, schliesst nicht aus, dass er als einer der Faktoren dieses Prozesses zugleich etwas für sich bedeutet. Es gilt hier analog was bezüglich der Stellung des Einzelnen in der Gesellschaft. So wenig seine Abhängigkeit von dieser ausschliesst, dass er sich zugleich als ein bestimmendes Element ihr gegenüber verhält und in ihren Gesetzen sich selbst wieder zu finden vermag, so wenig schliesst seine Abhängigkeit von dem

Weltganzen aus, dass er diesem als ein aktives Element angehört und sich in dessen Ordnung, die ja in gewissem Sinne das Werk seines Intellekts ist, wie in einer wahlverwandten Umgebung heimisch und als etwas Selbständiges fühlen könne. Nichts reicht ja tiefer als die Wurzeln seiner psychischen Kraft, und die erscheinende Welt schliesst keinen selbständigeren Quellpunkt eigenen Lebens in sich, als seine Seele. Wenn daher das Wesen der ersteren irgendwo zu intimer Entfaltung gelangt, so ist es in ihr, wo es sich zugleich bespiegelt und kontrolirt.

Bei der Frage, ob menschliche Handlungen unter dem sog. Causalgesetz stehen und welche Bedeutung ihrer Bejahung für menschliche Verantwortlichkeit zukomme, spielen immerfort Missverständnisse dieses Gesetzes und seines Verhältnisses zur Freiheit eine Rolle. Und zwar bei sämmtlichen Vertretern beider Heerlager, welche die Unverträglichkeit der Herrschaft dieses Gesetzes mit unserer Verantwortlichkeit annehmen. Es üben hier nämlich beständig die Vorstellungen, die sich auf menschliche und göttliche Gesetze beziehen, einen verwirrenden Einfluss aus. Mit dem Begriff dieser Gesetze ist derjenige des (direkten oder indirekten, absoluten oder relativen) Zwangs verbunden (s. 5). Und diese Verknüpfung überträgt sich auf das Causalgesetz. Alle Gegner nehmen an, dass die „Herrschaft" dieses „Gesetzes" (unglückliche, aber eingebürgerte Bezeichnungsweisen) eine Nöthigung des menschlichen Willens involvire und folglich mit dessen Freiheit nicht zusammenbestehen könne. In Wahrheit hat dieses Gesetz begrifflich mit irgend welchen Formen des Zwangs schlechthin nichts zu schaffen. Wir haben es in ihm lediglich mit einer Form des Identitätsurtheils zu thun und seine „Herrschaft" bedeutet nichts, als dass dies eine der Grundformen intellektueller Thätigkeit ist. Der Satz, dass *A* nicht zugleich sein Gegentheil sein könne, hat zum Correlate den Satz, dass *A* unter beliebigen Bedingungen nicht zugleich als *A* und als sein Gegentheil erscheinen und wirksam werden könne. Oder vielmehr, da wir es in dieser Welt der Erscheinungen nicht mit den Dingen an sich, sondern mit ihrem Erscheinen und Wirken zu thun haben, so bedeuten beide Sätze für unseren Intellekt das Nämliche.

So wenig nun die Freiheit einer Persönlichkeit durch die Annahme verneint wird, dass sie nicht zugleich *A* und das Gegentheil davon sein könne, ebensowenig durch die Annahme, dass sie sich bestimmten Anreizen zum Handeln gegenüber nicht zugleich als diese Persönlichkeit *A* und als ihr Gegentheil bethätigen könne.

Unter den psychologischen Thatsachen, welche man zu Gunsten des Indeterminismus und seiner Schuldlehre verwerthen zu können meint, ist neuerdings besonders die Reue hervorgehoben worden (Lammasch, Kuhlenbeck). Da wir es in ihr nur mit einer Äusserungsform des Verantwortlichkeitsgefühles zu thun haben, so bedarf die deterministische Schuldlehre ihr gegenüber keiner speziellen Legitimation. Doch sei der gegnerischen Beweisführung hier eine Stelle eingeräumt.

Ich halte mich dabei an die jüngste der einschlagenden Schriften, welcher unter den Arbeiten gleicher Richtung ohne Zweifel eine hervorragende Stellung zukommt. Es wird geltend gemacht, dass es sich bei der Reue „um eine natürliche Reaktion handelt“, welche sich nicht „als Ergebniss blosser Erziehungsdressur entwerthen“ lasse. Aus Abschnitt 6 ergibt sich, dass und bezw. inwieweit ich hiermit übereinstimme. „Nun aber muss doch jedes natürliche psychologische Faktum seinen zureichenden Grund haben. Denn die Natur kennt weder unnütze noch überflüssige Aktionen. Wenn nun die Reue nichts anderes ist als der mit der nachherigen Einsicht in die praktische oder sittliche Unzweckmässigkeit einer That sich nothwendig vereinigende schmerzliche Gemüthsaffekt, dessen einziger Sinn sich in dem stechenden Vorwurf concentrirt: „Du hättest anders wollen können und sollen“, — so kann ein zulänglicher Grund nur darin gefunden werden, dass in der That auch die Möglichkeit des Anderswollen in der Natur gegeben war[1])." Mir scheint diese Beweisführung, zumal von dem teleologischen Standpunkte, den der Verf. hiebei einnimmt, eine recht unglückliche zu sein. Wenn der einzige Sinn jenes Affekts sich in dem Vorwurfe concentrirt: „Du hättest anders wollen können ...", dann haben Spinoza und v. Hartmann recht mit ihrer Verdammung der Reue, dann ist die „Natureinrichtung" der Reue in der That etwas Überflüssiges und Unnützes, eine „Absurdität des Naturmechanismus"! Aber diese Philosophen haben unrecht, so gewiss die Bedeutung jenes Affekts eine andere und rationellere ist. Die Reue ist das Analogon der Vergeltung in der inneren Sphäre, die Gegenwirkung einer Seite unseres Wesens und zwar derjenigen, welche den ethischen Mächten des Gemeinlebens am nächsten verwandt ist, gegen ein Verhalten, das ihr widerstreitet, eine thätige Selbstbejahung der sittlichen Elemente unserer Natur feindlichen Kräften und einer Überwältigung der Persönlichkeit durch sie gegenüber. Und die praktische Bedeutung dieser Selbstbejahung ist durchaus analog derjenigen der Vergeltung in der Sphäre des Gemeinlebens. Sie hat daher mit den Voraussetzungen des Indeterminismus so wenig zu schaffen wie Sinn und Werth der letzteren. Der

---

[1]) L. Kuhlenbeck. Der Schuldbegriff als Einheit von Wille und Vorstellung. In ursächlicher Beziehung zum Verantwortlichkeitserfolg. 1892.

Autor beruft sich auf Schiller. Aber die angezogene Stelle bringt nur in anderer Form die hier vorgetragene Meinung zum Ausdruck, und es dürfte der Auffassung des Deterministen Schiller mehr entsprechen, sie zu ihren Gunsten zu verwerthen. „Ein Mensch, der wegen einer verletzten moralischen Pflicht verzweifelt, tritt eben dadurch zum Gehorsam gegen sie zurück, und je furchtbarer seine Selbstverdammung sich äussert, desto mächtiger sehen wir das Sittengesetz in ihm gebieten.“

8.

Im Bisherigen sind die negativen Elemente der neuen Bewegungen auf strafrechtlichem Gebiete betrachtet worden, ihre Einseitigkeiten und die Gefahren, die sich damit verbinden, die Missverständnisse, welche einen beträchtlichen Bestandtheil des theoretischen Apparates bilden, der ihnen zur Stütze dient, und das Unreife, das daran hervortritt. Aber es wäre verkehrt zu meinen, dass mit alledem ihre Bedeutung erschöpfend bestimmt wäre, und zu bestreiten, dass sie mit wirklichen Bedürfnissen des Rechtslebens zusammenhängen und für sie etwas zu leisten versprechen. Bereits haben sie mancherlei Arbeiten zu Tage gefördert, welche diesen Bedürfnissen gegenüber einen Werth in Anspruch nehmen und eine Fülle von Kräften in deren Dienst gezogen. Nur wird sich, wenn diese

Kräfte sich in Reformen umgesetzt haben werden, herausstellen, dass das Gute davon auf dem alten Wege einer fortschreitenden Entwicklung liegt, mit den hier bekämpften Meinungen schlechthin nichts zu schaffen hat und sich dem auf jenem Wege Errungenen als ein homogenes Element anschliesst.

An der Aufgabe, welche der Staatsgewalt in Bezug auf die Strafen gestellt ist, lassen sich dem früher Ausgeführten gemäss zwei Seiten unterscheiden, welche das gleiche Verhältniss zu dem Endzweck aller Rechtspflege: Schutz der Rechtsordnung und der mit ihr verknüpften gesellschaftlichen Interessen haben.

Die eine betrifft das gerechte Maass, das in dem Strafrecht der neuen Horizonte keine Rolle mehr spielen soll, seine Bedeutung aber gleichwohl nicht verlieren wird, sowie die gerechte Begrenzung der Straffälle. Es handelt sich darum, den Einklang der Strafmaasse und der Grenzen des Strafrechts mit den geltenden ethischen Werthanschauungen, das ist eben ihre Gerechtigkeit, zu wahren und zu vervollständigen, weil es von diesem Einklange abhängt, dass die Wirksamkeit der Strafrechtspflege jenen Endzweck wirklich erfülle. In dieser Richtung hat die Bewegung des vorigen Jahrhunderts, auf welche im ersten Abschnitt hingewiesen worden ist, trotzdem dass sie anscheinend andere Ziele verfolgte, Grosses geleistet. Aber die Aufgabe erneut sich beständig, da jene Anschauungen im Einzelnen, zumal in einer Zeit grosser socialer Veränderungen, Umwandlungen erleiden und soweit diese einer aufsteigenden Kulturbewegung entsprechen, diese Aufgabe zu einer complicirteren machen und höhere Anforderungen an die Strafrechtspflege, u. A. in der Richtung individualisirender Gerechtigkeit stellen lassen. Zur Zeit treten solche Anforderungen namentlich bezüglich der Verwendung der Geldstrafe hervor.

Die zweite Aufgabe betrifft eine fortschreitende Anpassung der Strafen an die besonderen Bedingungen, unter welchen sie bei den verschiedenen Gruppen von Verbrechern sich mit den geringsten Schädlichkeiten verknüpfen und am meisten für die Rechtsordnung leisten. Auch hier handelt es sich um nichts Neues, sondern um Bestrebungen, welche, innerhalb gewisser Grenzen wohl stets vorhanden, seit der Aufklärungszeit eine überaus reiche Geschichte haben. Eifrige Vertreter unter Theoretikern und Praktikern haben ihnen seitdem nie gefehlt. Die allgemeine Aufmerksamkeit aber hat sich denselben in sehr ungleichem Maasse zugewendet. Die Gesellschaft ruht gern auf ihren wirklichen oder vermeintlichen Lorbeern aus und gibt sich Illusionen in Bezug auf die Bedeutung und Tragweite des von ihr Geleisteten hin. Aus ihnen pflegt sie periodisch in unliebsamer Weise herausgerissen zu werden. Dies gilt auch bezüglich des Kampfes mit dem Verbrecherthum. Man hat sich hier derartigen Illusionen namentlich hinsichtlich der Wirksamkeit unserer anscheinend so rationell gestalteten Freiheitsstrafen hingegeben. Die moderne Statistik und einige Schriften (voran die Mittelstädt'sche „Wider die Freiheitsstrafen") haben diese Illusionen zerstört. Sie machten die geringe geistige Einwirkung dieser Strafen auf die Sträflinge, und bzw. den geringen Werth dieser Einwirkung, im Zusammenhange mit einem auffälligen Ansteigen der Rückfallsziffern, sowie ein Wachsthum der Kriminalität zwar nicht in allen ihren Formen aber doch in zahlreichen offenbar. Also eine Erweiterung jenes socialen Deficits, das man in sichere Grenzen eingeschlossen zu haben glaubte. Und dies inmitten des modernen Rechts- und Wohlfahrtsstaates! Begreiflich daher die Beunruhigung der öffentlichen Meinung, begreiflich die neue Empfänglichkeit für Reformideen, auch die Geneigtheit, den Verheissungen neuer Propheten und Wunderdoktoren Gehör zu geben! Begreiflich auch die Geneigtheit mehr und minder berufener Adepten, eine solche Rolle zu übernehmen und der kranken Zeit die ersehnten Recepte zu verschreiben!

Es bedarf hier keiner Ausführung darüber, dass jenes unerfreuliche Wachsthum nur in einem sehr beschränkten Maasse der Strafrechtspflege zur Last zu legen ist. Dasselbe hängt mit der Entwicklung unserer modernen socialen Zustände und der Formen des Kampfes ums Dasein innerhalb derselben zusammen, also mit Verhältnissen, die ausserhalb des Machtbereichs nicht bloss unserer bisherigen, sondern auch jeder möglichen künftigen Strafrechtspflege liegen. Daher es keinen Sinn hat, um jener Erscheinungen willen über die letztere den Stab zu brechen. Isolirt vermag die Strafrechtspflege bezüglich der Verringerung jenes Deficits wenig, und auch in innigerer Verbindung mit den anderen Zweigen staatlicher Wirksamkeit und reichlicher als bisher durch die Gesellschaft gefördert, würde sie es nicht zum Schwinden bringen, ja ein Wachsthum desselben nicht unter allen Verhältnissen verhindern können. Gleichwohl ist ein beständiges Ankämpfen dagegen für den socialen Organismus von gleicher Bedeutung wie das Ankämpfen eines Individuums gegen eine Krankheit, welche beim Unterlassen zweckmässiger Gegenwirkungen seinen Organismus baldiger Auflösung zuführen würde. Und die complicirten Verhältnisse der heutigen Gesellschaft mit den Gefahren, welche sie einschliessen, machen es für unsere staatliche und gesellschaftliche Organisation nothwendig, ihre Daseinsberechtigung durch gesteigerte Leistungen, wie überhaupt so auch in der Bekämpfung des Verbrechens und der es begünstigenden Faktoren zu erhärten.

Insoweit nun unsere neuen Kriminalistenschulen diesen Sachverhalt zur Geltung zu bringen und die Erfüllung der sich darin begründenden Anforderungen durch positive Arbeit zu ermöglichen bemüht sind — wie es thatsächlich ja in weitem Umfange der Fall ist — verdienen sie den Beifall, der ihnen zu Theil geworden ist. Und wie der „moderne Zweckgedanke", der ihre Devise bildet, ein Theilchen alter wissenschaftlicher Einsicht bildet, losgelöst aber aus diesem Zusammenhange und verabsolutirt einen trivialen Irrthum darstellt, so wird ihre Wirksamkeit, insoweit sie mit der in dem Kerne unserer Institutionen verkörperten Weisheit in Harmonie bleibt und nur auf eine fortschreitende Anpassung ihrer Einzelheiten an die erkennbar gewordenen Bedürfnisse gerichtet ist, Nützliches, abgelöst aber von dieser Weisheit und im Widerspruch mit ihr Verkehrtes zu Tage fördern.

Mich im Einzelnen mit dieser Wirksamkeit auseinanderzusetzen, muss ich aber, soweit es nicht in früheren Publikationen bereits geschehen ist, für andereGelegenheiten vorbehalten. —

Derjenige aber, auf welchen die Betonung des Zwecks im Rechte in der modernen Litteratur zurückgeht, wird dem Bemühen um Abwehr einseitiger Auffassungen dieses Zwecks seine Zustimmung nicht versagen, und, so hoffe ich, in diesem Schriftchen, das ihm als ein Gruss zu seinem Doktor-Jubiläum zugeeignet ist, den Schüler nicht verkennen, der einst unter seinen Auspicien den Weg der Studien betreten hat.

Druck. d. „Strassb. Neuesten Nachrichten", vorm. H. L. Kayser.

Kolibri 360 GmbH
Ferdinand-Jühlke-Straße 7
99095 Erfurt, Deutschland
produktsicherheit@kolibri360.de